男工・女工

U0118247

男工·女工

當代中國農民工的
性別、家庭與遷移

杜平　著

中文大學出版社

《男工‧女工：當代中國農民工的性別、家庭與遷移》
杜平 著

© 香港中文大學 2017

本書版權為香港中文大學所有。除獲香港中文大學
書面允許外，不得在任何地區，以任何方式，任何
文字翻印、仿製或轉載本書文字或圖表。

國際統一書號 (ISBN)：978-962-996-599-0

出版：中文大學出版社
　　　香港新界沙田‧香港中文大學
　　　傳真：+852 2603 7355
　　　電郵：cup@cuhk.edu.hk
　　　網址：www.chineseupress.com

*Factory Boys, Factory Girls: Gender, Family and Migration
of Migrant Workers in Contemporary China* (in Chinese)
　By Du Ping

© The Chinese University of Hong Kong 2017
All Rights Reserved.

ISBN: 978-962-996-599-0

Published by The Chinese University Press
　　　　　The Chinese University of Hong Kong
　　　　　Sha Tin, N.T., Hong Kong
　　　　　Fax: +852 2603 7355
　　　　　E-mail: cup@cuhk.edu.hk
　　　　　Website: www.chineseupress.com

Printed in Hong Kong

獻給我的爸爸媽媽

目　錄

中心的邊緣

社會性別、遷移及不平等交置中的中國農民工

當代中國的農民離鄉背井來到城市，縱然他／她們的勞動力被城市所承認，但「農民工」的身份怎能足以界定他／她們的存在？每一個的「打工者」都背負著多重的身份，如性別及階級等。這些在城市默默辛勞付出的、從農村出來的人，每一個也有他／她的故事，而每一個故事也承載著個人的成長、情感的印記、家庭的責任及期望，和他／她對理想的追尋與失落，串連這些故事的是中國城市及農村宏觀二元化發展策略的不平等及不公義，是全球化生產鏈中工人權益被壓榨的現實，亦是傳統性別規範對主體的宰制及個體的反抗。在主流的論述中，在被單一化的工人身份裏，這些個人的主體性及他／她們家庭的努力及掙扎，往往被淹沒了。怎樣的書寫，才能還原這些在中心被邊緣化的人的聲音，還原他／她們作為人的全觀主體性？

引入社會性別的分析框架，把他／她們的生命歷程放在工廠、家庭、農村／城市及階級的交置不平等裏閱讀，可能是唯一的可行性。我想，沒有一個人能夠逃過被性別分類（gender categorization）。縱使個人可能對社會性別的規範作出反抗，但社會性別對個體生命的操控，卻是深植在家庭、市場及國家等制度裏。性別問責（gender accountability）（West and Zimmerman, 1987）雖然是一個悲觀的結論，

但無可否認地說出了大部份人的成長經歷。在人生的不同階段中，大部分人，包括了從農村到城市打工的他們與她們，無時無刻要回應扣連在家庭責任裏的性別期望，也不能迴避資本主義市場及工作間裏的性別政治、隔離及不平等，也難免要在農村及城市的不同性別規範中導航。

現有對中國農民工的研究多從女性出發，尤其是年輕未婚女性的角度及經歷，去理解社會性別如何在父權社會及資本主義的交叉中，影響她們在城市打工的經驗。然而，對已婚女性及男性的探索就明顯缺乏。已婚女性的經驗為我們展示了置身於家庭及工廠、農村及城市的性別規範及制度不平等之下，女性如何尋求一個出口。對男性農民工的探討則反映了身為父權社會的得益者，農村男性其實同樣受著性別規範的定型及枷鎖，亦折射出農民工男性及有城市戶口男性之間的階級不平等。

在中國經濟騰飛的大論述中，千千萬萬的從農村來到城市的他們及她們，處在城市的中心——她們／他們是「中國製造」背後的那雙手；他們／她們的勞力投入，建造了聳立的城市高樓，但他們／她們被制度規限在中心的邊緣。可能很少人聽到她們／他們對公義的嚮往及面對不公義的吶喊和無奈，但杜平的這本著作，卻為這些在中心邊緣的人，在大歷史的喧嚷裏，留下了點點足跡。

蔡玉萍

香港中文大學社會學系教授

致 謝

　　對於田野研究者而言，與生命意義最樸素的相遇始於田野。這一過程中所有的經驗與收穫是構築研究最基礎的素材，因而彌足珍貴。我衷心感謝在田野中遇到的每一個生命，感謝他們以最淳樸的方式向我展開他們的生命，讓我走進他們的世界。那些質樸的身影、或悲或喜的面龐、平淡卻不寡淡的娓娓道來，深深地留在了我的心底。在我們之間，他們是真正的給予者。

　　這本書依託於我的博士論文，它的完成離不開我的博士導師蔡玉萍教授的悉心教導。她教我如何成為一名社會學研究者，往返於書齋與田野之間，不斷地叩問與反思。她的學術洞見與研究經驗，在點滴間不斷滲透與累積，啟發著我一步步成長。我一直記得，寫博士論文時她告訴我，我是她的 top priority，這句話曾讓我倍感溫暖。至今，她的肯定與支持依然給我很多力量，而她的言傳身教，更是我不斷努力的標桿。

　　我的社會學啟蒙源於南開，對於農民工底層與性別議題的研究興趣在碩士期間逐漸養成，這有賴於碩士導師關信平教授的引領與啟發。他是我心中的大學者。他的學問充滿了對社會底層的關懷，以及對公平與正義的追求。他總是潤物細無聲般地給予我最需要的支持，鼓勵我追求學術上的點點進步。而今我又回到南開任教，更

感謝他的知遇之恩，讓我得償所願地以自己的所學回饋母校，服務社會。

這本書得以出版，要感謝我的母系，香港中文大學社會學系推薦我的博士論文參與香港中文大學 Young Scholar Dissertation Awards 2011 的評選，感謝香港中文大學研究院授予我該獎項並慷慨支持出版，感謝香港中文大學出版社對該論文的肯定。

博士論文的寫作並不容易，將博士論文改為書稿也沒有想像中的容易。在這個漫長的過程中，我特別感謝研究計劃和博士論文答辯委員會的丁國輝教授、呂大樂教授、鍾華教授和蘇耀昌教授。他們的問題既關鍵又具有挑戰性，他們的建議既中肯又給我很多啟發。同樣非常感謝本書的兩位匿名評審人，他們建設性的修改意見嚴謹而細緻，拓寬了我的學術視野與寫作思路。香港中文大學出版社的葉敏磊、余敏聰兩位編輯為本書的編輯與出版付出了許多心血，在此也向他們致以我誠摯的謝意。

我的爸爸媽媽，杜學文和駱雙任，他們的名字從來沒有出現在任何印刷品中。他們是典型的中國父母，為孩子奉獻一切，也從中獲得滿足。儘管滿足充滿了不確定，卻仍阻不了奉獻的篤定，這是父母最柔韌的愛。我的姐姐和姐夫有許多擔當，他們毫不計較地照料和支撐整個家，從不吝惜對我的任何支持。我的外甥辰辰是我生活中最大的歡愉，他讓我有機會無負擔地愛。他一連串的笑聲，是這世界最美妙的聲音。我能夠過我想過的生活，是多麼的奢侈。感謝我的家人。

此時，聽著辰辰不情願的琴聲，和此起彼伏的瑣碎家常，心中踏實而溫暖。

2017 年新春

第一章
導　論

　　每當回想起在田野的日子，我的腦海總會浮現出一個畫面。那時正午的陽光燦爛而刺眼，南方八月的暖風夾雜著濕氣陣陣吹來。我彷彿站在工廠中由宿舍通往車間的寬敞大路上，看著迎面陸陸續續走來的工友，正三五成群地趕去上班。他們中有我熟識的人。有那低頭向前步履匆匆的男工，他們的故事全都藏在額頭深深的皺紋之中；有那面龐和衣著同樣樸素的女工，她們憨厚的笑容散發出母性的溫暖；還有那略帶羞澀的女工，邊走邊撩撥著剛洗完的濕漉漉的長髮；以及那一臉無羈的男工，昂著頭任隨風吹擺著敞開的上衣。這幅畫面，分不清是記憶還是想像，但那些熟悉的臉龐和身影，卻始終清晰而深刻。經過工廠的朝夕相處，他們對於我來說，已經不再是報刊、媒體或書本裏講述中國現代化進程的一份記錄，而是一個個有血有肉、有悲有喜、活生生的個體。他們的故事，充滿了日常工作、交往與生活的瑣碎，從而勾勒出不同農民工群體從農村到城市獨特的遷移圖景。他們的故事，揭露了個體體驗中的緊張、壓力與苦痛，從而透視出社會轉型和結構變遷中深層次的矛盾。他們的故事，承載了個人和家庭渴望改變命運的訴求和努力，從而彰顯出微觀權力對宏觀結構的挑戰與反抗。這本書，就是要講述他們的故事。

1.1 城鄉遷移中的性別、家庭與代際

　　自1978年至今，中國近40年的改革開放和現代化建設，見證了數以萬計的農民從農村走向城市，從田間走入工廠，從農民變成農民工的艱辛歷程。根據2015年全國農民工監測調查報告顯示，2015年全國共有農民工27,747萬人，其中外出農民工達到16,884萬人，佔總量的60.8%。[1] 不可否認，城鄉遷移始終推動著中國工業化、城市化和現代化的歷史進程，是當代中國最具影響力的社會變革之一（Fan, 2008）。然而，農民工在遷移過程中的工作與生活處境卻充滿了歧視、剝削、不平等和邊緣化（Solinger, 1999; Wong, Li & Song, 2007）。作為城市中的外來者，他們的勞動得到了肯定，而他們的存在卻不受歡迎（Roberts, 2002）。由此所帶來的苦難與痛苦，並不僅僅是個體主觀層面遭遇的緊張或衝突，而深深地刻畫出蘊含於社會深層的結構性矛盾（郭于華，2011: 2）。

　　回顧新中國的經濟政治體制，國家對以全民所有制為主的城市和以集體所有制為主的農村，採取了分而治之的統治策略。城鄉兩套政策逐漸固定，戶籍制度也劃分出城鄉之間的身份差異，於是，「城鄉分治，一國兩策」的格局得以形成（陸學藝，2000）。終於，建立二十餘年的城鄉壁壘，隨著改革開放的不斷推進而被逐漸打破。[2]經濟改革要求將城鄉遷移納入到中國工業化和城市化的重要策略之中，也極大地弱化了政府對於城鄉流動的控制和加強戶籍制度的能力（Liang & Ma, 2004）。1984年1月，〈關於1984年農村工作的通知〉規定：「允許務工、經商、辦服務業的農民自理口糧到集鎮落戶」，[3]該規定從政策上拉開了城鄉遷移的帷幕。城鄉遷移不僅為農村剩餘勞動力的轉移就業提供了新渠道，更為城市經濟建設的高速發展注入了新活力。成千上萬的農民工，逐漸成為工業生產與城市建設中不可缺少的中堅力量。2004年，中共中央國務院首次在〈關於促進農民增加收入若干政策的意見〉中指出：「進城就業的農民工已經成為

產業工人的重要組成部分。」[4] 這標誌著官方話語對於農民工群體工人階級身份的肯定。即便如此，城鄉二元結構與戶籍制度的存在，仍然限制他們享受與城市工人同等的待遇和福利，也阻礙他們真正地融入城市社會體系之中。

城鄉遷移是一個高度性別化的過程（Roberts, 2002）。「打工妹」在中國製造的「世界工廠」之中，承受著來自全球資本主義、現行體制以及父權制的三重壓迫（Pun, 2005）。於是，我們在農民工群體內部看到了基於社會性別而造成的分化與差異。社會性別是組織社會生活的基本要素（Mahler & Pessar, 2006），亦是個人的基本身份（Lopata & Thorne, 1978）。它通過在國家、市場和家庭等各個領域中影響資源與權力的配置，左右個體的生活機會，並影響其社會地位（蔡玉萍、杜平，2011）。然而，主流的遷移理論存在著性別盲視（gender blindness）的問題，難以把握遷移過程與移民內部的性別差異和分化，更無法揭示出導致其產生的深層動力機制。同樣的問題也存在於有關中國城鄉遷移的經驗研究之中，也就是說，它們並沒有將社會性別視為影響城鄉遷移的結構性因素而進行考量與分析（Hondagneu-Sotelo, 2003; Mahler & Pessar, 2006）。現存理論與經驗研究的缺失，要求我們將社會性別視角引入城鄉遷移與農民工研究之中，將男性農民工和女性農民工置於同一關係體系，從而更加深刻地理解農民工群體內部的分化、衝突與矛盾（蔡玉萍、杜平，2011）。

從單一的性別分析到交叉性（intersectionality）分析的發展，提醒我們在梳理和分析社會生活中的性別化圖景時，要注重性別權力關係與種族、國家、階級等不同要素的交織（王政、張穎，2012：8）。在「家本位」的中國，家庭一直出現在主流論述之中。有學者曾對社會性別與家庭之間的關係進行探討（Thompson & Walker, 1989; Ferree, 1990），並指出「社會性別和種族、階級一樣，是一種機會與壓迫的等級結構，也是一種身份與凝聚的情感結構，而家庭則是將這些結構置於其中進行活生生體驗的多種制度環境之一」（Ferree, 1990）。不同性

別的個體在家庭之中所處的位置，直接關係到他們所能獲得和控制的資源、權力與機會。特別是在農村社會，傳統性別規範對於男性和女性的不同期待，與其家庭角色緊密相連。作為丈夫和父親的男性家長，在家庭之中獲得了支配地位和權力優勢，同樣也需要承擔相應的責任和義務。而在以從夫居和父系繼承為特徵的父權制背景下（Hershatter, 2004），通過婚姻走進家庭的女性，則需要經歷由原生家庭到婚姻家庭的轉變，同時也實現了由女兒到妻子的角色轉換。可見，社會性別與家庭結構的交織，共同勾勒出個體的生活處境，並規範他們的情境化實踐。因此，在探討不同性別農民工群體所遭受的約束、限制與緊張時，也需要與他們在家庭之中的位置和責任聯繫在一起。

在城鄉遷移不斷改變中國社會面貌的過程中，它再也不僅僅是農村勞動力的一種謀生手段，而逐漸成為當代農村的一種生活方式（Lee, 2007; Fan & Wang, 2008）。在這種背景下成長起來的農村青年，懷揣著對城市所代表的現代文化與生活的嚮往，躍躍欲試地投身於城鄉遷移的實踐之中，「開啟了世紀之交中國式自我驅動的圈地運動」（潘毅、盧暉臨、張慧鵬，2011: 9-10）。他們與老一代農民工具有鮮明的代際差異，被稱為新生代農民工。[5] 關於兩代農民工的劃分，學術界（王春光，2001；劉傳江、徐建玲，2006；王艷華，2007；梁穎，2008）的意見較為統一。大體上，老一代農民工是指在1980年代開始城鄉遷移的農民工，而新生代農民工則是指在1980年之後出生、並在1990年代後期開始城鄉遷移的農民工。根據國家統計局2010年的專項調查，新生代農民工數量已達到8,487萬，佔農民工總數的58.4%。[6] 他們相對缺乏務農經驗，更加嚮往城市生活。但由於沒有完全融入城市的社會、制度和文化系統，在城市的生活和行動得不到有效支持，在心理上也並未實現完全認同，因此處在「半城市化」狀態（王春光，2006）。這一群體的出現系統地改變了遷移人口的代際結構，也在遷移過程中衍生出許多新的問題與挑戰，亟待進行深入的關注與考察。

1.2 性別不平等在城鄉遷移中的複製

　　如果説城鄉二元結構帶給農民工群體的不平等是赤裸裸的，那麼，女性在中國社會中的地位則披上了平等的外衣。1949年，新中國首次將「婦女在政治的、經濟的、文化教育的、社會生活的各方面，均有與男子平等的權利」寫入了具有臨時憲法效用的《共同綱領》，之後又將其寫入了1954年和1982年的憲法中，標誌著中國從法律上確立了男女平等的基本國策。國家走入中國女性的社會生活領域，並開始了塑造女性地位與命運的新歷程。儘管在官方話語中，男女兩性享有平等的權力與義務，但在追求性別平等的過程裏，國家的立場卻並不始終如一，並且運用不同的性別化策略實現生產和再生產領域中的性別分工。改革開放之前，性別平等被置於階級衝突和生產目標之下。女性扮演了勞動後備軍的角色，根據政治和經濟需要進入或退出生產領域（Gao, 1994）。與此同時，國家通過將生產領域和再生產領域的性別化分離，使女性成為再生產領域家務勞動的主要承擔者（宋少鵬，2012）。改革開放之後，性別平等再次被社會主義經濟發展目標擠到後座上。城市女性的家庭作用和生理特點再次被強調（Woo, 1994），並成為最後被僱用和首先被解僱的對象（Entwisle & Henderson, 2000）；而農村女性則肩負起農業生產的重擔，並在非農轉移的步伐上遠遠落後於男性（Bossen, 1994; Gao, 1994; Jacka, 1997; Entwisle & Henderson, 2000）。因此，瑪格麗·沃爾夫（Wolf, 1985）提醒我們，中國的領導階層是站在父權制的立場之上來審視他們與婦女地位的關係的。不同的研究亦指出，當代中國社會仍存在著嚴重的結構性男女不平等狀況（Hershatter, 2004）。

　　性別不平等，在當代中國的城鄉遷移中得到了複製。國家和資本利用社會性別在農民工群體內製造差異，並表現為女性受到多重的壓迫與剝削。通過揀選不同性別的農村勞動力，並為他們提供不同的遷移機會、就業環境和發展空間，性別不平等勾勒和呈現出農

民工女性群體與男性群體差別化的遷移圖景。過往的研究曾指出，系統化的性別差異主要表現在人口特徵、遷移模式和勞動力市場三個方面。首先，男女農民工在年齡（沈青，1996；Roberts, 2002；李江，2004）、教育水平（沈青，1996；譚深，1997；He & Gober, 2003）和婚姻狀況（Roberts, 2002；朱秀杰，2005）等人口特徵上存在明顯差異。其次，兩性的遷移模式不盡相同，並體現在遷移數量和速度（Fan & Huang, 1998; Yang & Guo, 1999；蔡昉，2003；Liang & Ma, 2004；朱秀杰，2005；Xiang, 2007）、遷移距離（Yang, 2000；譚深，2005）、遷移原因（Fan & Huang, 1998; Fan, 1999; Liang & Ma, 2004；朱秀杰，2005；Song, Zheng & Qian, 2009）以及回流狀況（羅桂芬，2001；白南生、何宇鵬，2002；朱秀杰，2005）的性別差異。再次，勞動力市場上的農民工還存在職業分佈（高小賢，1994；1997；Davin, 1996；1999；Jacka, 1997；李芬、慈勤英，2002；Roberts, 2002；陳月新，2003；朱秀杰，2005；譚深，2005）、就業現狀（陳月新，2003）、收入（鍾甫寧、徐志剛、欒敬東，2001；陳月新，2003；朱秀杰，2005）以及職業流動（陳月新，2003）等方面的性別差異。當大量農村男性開始投身於遷移浪潮之中，他們常常將妻子留在家中照料孩子和農田（Mallee, 1995; Jacka, 1997）；當部分女性有機會卸下家庭和農業生產的「雙重負擔」（Gao, 1994），資本往往揀選那些年輕、單身、接受過教育的女性（Fan, 1999）；當來自農村的「打工妹」走進城市和工廠時，等待她們的卻是與男性相比層次更低的工作與待遇（Davin, 1996; 1999; Jacka, 1997; Roberts, 2002）。當這些不平等透過社會體系中的毛細血管，滲透於日常生活的所有互動，便給女性農民工帶來了具體化的現實體驗。

2007年7月24日

　　今天過得並沒有與往常不一樣，只是今天聊的特別多，自己的理想，生活婚姻等。其實杜平問的那些我大部分都想過

了，不知道我的回答他們感覺怎麼樣，反正我的人生觀就是這樣，我曾經有的理想和抱負在經過幾年的打工生涯全都破滅了。雖然我就進這麼一個廠，但是我知道在哪裏只要是沒錢，沒有後台，就算有才幹可能也會埋沒，或者是運氣好，或者真的有伯樂。我也想去尋找另一片天地，實現自己的願望。可是我沒有勇氣，我害怕別人那雙歧視的眼神，我也不敢肯定以後的路會⋯⋯我只好把握好眼前，我知道我已經失去了三年多的青春，但我沒有後悔，雖然我沒有得到書中像杜平那樣多的知識，但是我可能嘗受到了人生道路上的辛酸。

2007年8月3日

　　心情隨著時間流失更加糟糕了，思緒也很亂，我想這麼小的我卻感覺承受了很重的負擔。我心中好像一直以來有一個包袱，但我並不知道裏面裝的是什麼東西竟然會那麼重。對我生活是好是壞，我也不是很明白。突然間想到了辭工，可我又不知道去哪裏。回家我不想，我不喜歡看間那滿天灰塵的鄉村，找工作可我又怕家人的擔心。我不想他們再為我擔心。我覺得我生活得好累，每走一步路都要想著整個關於我的親人，我不知道別人在走路是否和我一樣呢？

　這是我的女性受訪者阿玫的兩篇日記。在三年的打工生活裏，她從沒換過工作，從沒回過老家。時光在平淡而制式的生活中點點流逝，夢想在進退維谷的現實中絲絲耗盡。當她在感慨漸行漸遠的青春和日益沉重的壓迫時，也許並沒有意識到，這些看似零散、瑣碎的關於失望、破滅與痛苦的記錄，講述著個人日常生活與歷史宏大敘事之間千絲萬縷的聯繫（郭于華，2011：7）。儘管如此，我們也不難看出，那些書寫和刻畫她「辛酸」生活的要素，與結構性社會矛盾中的貧困、家庭負擔以及各種各樣的歧視，緊密地聯繫在一起。

　女性農民工在勞動力市場和生產過程中的處境與應對，在性別

視角下的民族誌研究中得以呈現。李靜君 (Lee, 1998) 在《性別與南中國奇跡》一書中使用延伸個案法 (extended case study)，對香港和深圳兩家工廠的生產政治進行比較。涉及女性農民工生活處境的討論集中在深圳工廠部分，著重分析了她們所遭遇的管理策略以及所選擇的抗爭手段。她認為，管理階層將勞動、工人的集體實踐和共同建構的社會性別納入到管理策略之中，從而導致了兩種性別化生產政治的產生，而女性農民工則被置於「地方獨裁」(localistic despotism) 的管理策略之下。有別於李靜君的比較分析，潘毅 (Pun, 2005) 在《中國製造：全球化工廠下的女工》一書中，通過對深圳某工廠的民族誌考察，深入探討了全球化、現行體制和父權制對於當代中國女性農民工日常生活的意義。通過全面分析「打工妹」外出打工的動機，在城市與工廠之中所遭受的歧視，對剝削有限的「日常抗爭」，以及自我身份的認同過程，全景式地呈現出社會轉型過程中打工妹主體的形成 (鄭廣懷，2007)。該領域的另一本著作，是澳大利亞學者杰華 (Jacka, 2006) 的《都市裏的農家女》。與前兩部不同，杰華的關注並不僅僅局限於工廠女性農民工，而是通過在北京的田野調查，探求從農村到城市的女性移民的生活經驗，她們討論這些經驗的獨特方式，以及這些經驗對於她們自我認同的影響。這些研究生動地剖析了女性農民工在城鄉遷移過程中的處境與經驗、壓迫與抗爭以及自我與身份。

1.3 「男性盲視」與等級化的男性氣質

2007年6月9日

　　今天是進入絲印組工作的第二天。由於剛剛轉到這個新部門，還不認識幾個人。昨天和二號機印版的男工說過兩句話，他的名字叫胡慶。他看起來並不年輕，大大的眼睛周圍已經長出明顯的皺紋。下午快到五點的時候，胡慶手邊的活兒就已經

做完了，坐在機器前等待著放工的時間。我便找機會和他聊起天來。

胡慶是江西人。1994年20歲的時候，第一次外出打工。那時他參加完高考，考上了自費的大學，但由於家裏沒錢，上不起大學，就出來打工了。胡慶的爸爸是小學老師，由於只有爸爸一個人賺錢，家裏孩子又都上學，所以經濟十分拮据。他第一次外出到了福建，在那裏打了兩年「苦工」之後就回家蓋起了房子。1997年，他來到廣東，進了五金部的前身砂石五金廠學習絲印。又幹了兩年之後，回家相親。到2000年春節，便回家結婚了。妻子很快懷了雙胞胎，他想還是「人重要點」，所以就回家去了。在家裏做了兩年小生意，然後再次出來，進了與砂石五金廠合併的沙岩電子廠。所以儘管胡慶在這個部門裏算是「老員工」，但由於中間出過一次廠，他廠牌上寫的是2002年進廠。現在，妻子也在這個工廠裏的幫頂部打工，一對雙胞胎兒子在家裏由奶奶照看。為了有私人的空間，夫妻倆在廠外租了一個小房間。房間小得只能擺下一張床，「天天進了屋就上床，沒有別的地兒」。而這房間對於他們來說，主要的用途就是睡覺。

與胡慶的聊天非常順暢，他並不需要太多鼓勵便可以娓娓道來。他說，打工就是精神壓力大，別的方面倒沒有什麼。對他來說，打工就要掙錢。一個家庭兩面開支，兩個人掙錢五個人花。胡慶說，他現在一年存一萬塊錢，等兩個孩子以後上學用。從現在就得做準備，到時不行還要借錢。「我得打一輩子工了」，說到這裏，他看著我無奈地笑了笑。然後，又恢復到之前的狀態，半低著頭，把玩著手指，逕自說著：「我現在得做好準備，省得到時他們怨我。」頓了頓，又接著說：「我不怨我爸，他也沒辦法。當時學費要三千塊，我爸說家裏還有一頭豬，能賣一千來塊，剩下的你自己想辦法吧。我去借了，沒借

到。跟我一塊的那個說不等我了，就先走了。他去海南讀的，也是自費的。他學了法律，現在在深圳給什麼公司當顧問，一個月掙六千多。我們家裏那時窮，我中學的時候住校，一個星期就花五塊錢，還要吃飯、買書什麼的。星期六晚上，我騎十幾里的車回家，到星期日再回去。等該走的時候，我就站在門口不走，我爸就知道我沒錢了，就給我五塊。有時他也沒有錢給我，我就回去了。我口袋裏沒有錢，那時我們玩得好的，他們家裏比較好，就幫我買。呵呵，我站在門口不走，我爸就知道我沒錢了。哎，我爸現在也死了。」

聊到這裏，我忽然不知道該接些什麼話了。聽著這樣一個三十幾歲的男人，慢慢地講述他的過去、現在和未來。因為家裏窮而不能保證一個星期五塊錢的生活費，因為沒有足夠的錢而沒能上大學繼續讀書，因為要養活一家老小而不得不外出打工，因為不想自己的兒子將來面對同樣的遭遇而不停地打工，打一輩子工。

胡慶是當代中國千千萬萬個男性農民工中的一個。他是我進入田野後慢慢熟識的第一個男性工友，也是啟發和觸動我開始對男性農民工群體進行瞭解、認識和探究的第一個男性受訪者。他的故事並沒有比其他同輩更曲折，或更悲慘。然而，正是這樣一個行走在工廠內外會淹沒於人群之中的人，引領著我去認識中國農民工中千千萬萬個胡慶。

當我有機會走近男性農民工的生活處境和內心世界，便開始意識到這個男性群體在農民工研究和性別研究中的集體失聲是多麼值得檢討。這種失聲，一方面源於主流農民工研究對於性別議題的忽視，另一方面也源於性別研究對於男性群體的忽視。當他們出現在大眾媒體、學術研究以及公眾視野之中時，所得到的關注往往與其農民工的身份、社會底層的位置捆綁在一起。然而，他們作為男性

所承受的來自性別結構的壓迫與束縛，以及在認同和塑造自我性別身份過程所經歷的苦痛與掙扎，卻沒有得到充分的關注。這未嘗不是一種存在於性別研究之中的「男性盲視」。這種盲視，在很大程度上與人們普遍認為的男性在性別關係中處於支配地位的狀況相聯繫。然而，僅僅用性別關係之中的男女對立來理解男性農民工在性別體系內的位置，是不足夠的。因為在對性別關係進行分析時，將男女兩性一分為二的分析框架存在著結構性的局限。正如康奈爾（Connell, 2005）所提醒的，男性群體內部同樣充滿了等級和權力關係，而男性相對於女性的支配地位並不是通過所有男性氣質的實踐得以確立和維持的。

涉及男性的研究，可以追溯到以弗洛伊德（Freud, 1965: 112–135）關於性心理發展過程的論述。以他為代表的精神分析學派認為，個體對於性別身份的認知，是早期教養關係內化的結果。由於兒童照料的工作往往由母親或其他女性承擔，男孩必須通過否定女性氣質而非認同男性形象來獲得男性身份，因此，男性身份往往具有不穩定性（Chodorow, 1997）。而後，具有功能主義色彩的性別角色理論，也對男性角色及其行為規範進行了探討。有學者曾關注男性性別期待的改變，以及男人／男孩在遵從規範時所面對的困難（Hacker, 1957）。隨著對性別角色理論的廣泛批評，性別建構論得到了極大的發展。在此過程中，對男性研究作出最大理論貢獻的當屬澳大利亞社會學家康奈爾。他關於男性氣質的研究（Connell, 1992; 1998; 2000; 2005; Connell & Messerschmidt, 2005），基於將社會性別視為一種社會結構的理解，突破性地分析了男性群體內部的性別關係，並勾勒出男性氣質之間的等級關係。其專著《男性氣質》（*Masculinities*）被高度評價為「將男性氣質視為當代社會不平等的構成要素的奠基之作」（Connell, 2005: xiii）。

康奈爾對於男性氣質的理解包括了三個層面（Connell, 2005: 71）。首先，男性氣質是性別關係中的一個位置。如同男性或女性

分別作為一個性別類別而存在一樣，男性氣質也佔據著性別關係中的某個位置。但它並不是單一的。也就是說，在性別關係中存在著多重男性氣質，它們之間的關係是相對的。其次，男性氣質也表現一系列社會實踐，通過這些實踐，男人和女人能夠與他們在性別關係中的位置聯繫起來。個體與他們在性別關係中的位置並不是分離的，男人之所以為男人，女人之所以為女人，都是在日常生活中通過實踐而實現生產和再生產的。最後，男性氣質也是這些實踐對於身體體驗、人格以及文化的影響。如同男性和女性都需要經歷對自我性別身份的認同來獲得他們的性別身份，不同男性也需要經歷對自己所屬男性氣質的認同過程，包括了身體、人格與文化上的認同，而這一過程是通過日常實踐得以實現的。可見，男性氣質的概念與社會性別一脈相承，它的提出豐富了我們對於性別類別以及性別關係的理解。

對於男性氣質的把握還要求我們瞭解不同男性氣質之間的關係。當性別結構遭遇到其他社會結構，諸如種族和階級，我們便通過它們之間的相互作用，認識到不同類型的男性氣質。康奈爾（Connell, 2005: 76–81）區分了四種男性氣質類型，包括霸權式男性氣質（hegemonic masculinity）、從屬型男性氣質（subordinated masculinity）、共謀型男性氣質（complicit masculinity）和邊緣化男性氣質（marginalized masculinity）。「霸權」（hegemony）一詞來源於意大利思想家安東尼奧·葛蘭西，用以指代在社會生活中佔據領導位置的群體所擁有的文化動力（cultural dynamics）。霸權式男性氣質也代表了男性氣質中的「理想類型」，具有該氣質的男性群體在性別關係的等級體系中佔據統治地位，從而確保了男性統治地位與女性從屬地位以及男性群體之間等級關係的構成與延續。霸權與整個社會的主導文化密切有關，而在這個總體框架之中，不同男性群體之間統治與被統治的關係鮮明卻複雜。比如，在異性戀男性主導的文化體系中，同性戀男性便處於被統治的地位。他們的男性氣質便處於男

性等級體系中最底層的位置，屬於從屬型男性氣質。當然，有些異性戀男性也會被驅逐出具有合法性的男性共同體，比如貧困者。真正能夠從各個方面都嚴格實踐霸權式男性氣質的男性畢竟是少數。但是，大多數男性都能夠從男性霸權中得到好處，比如男性在整體上對於女性的統治與壓迫。他們既規避了父權制執行者所需要承擔的風險，又通過與霸權式男性氣質的聯繫而獲得利益，對於這一部分男性群體，康奈爾稱之為共謀型男性氣質。如果說以上三種男性氣質所表現出的是性別秩序內部的等級關係，那麼邊緣化男性氣質則是通過性別結構與其他社會結構的相互作用而產生出來的男性氣質之間的關係，比如黑人男性的邊緣化男性氣質便是社會性別與種族之間交互作用的產物。當然，霸權式男性氣質與邊緣化男性氣質並不是固定的性格特徵，而是在動態變化的關係結構中，特定情境下的性別實踐的整合（configurations）。

男性氣質具有深刻的文化烙印。在不同歷史時期和文化環境之下，男性氣質呈現出不一樣的基本面貌（Kimmel & Messner, 2010: xviii）。在西方社會，佔主導地位的男性氣質往往體現為中年、中產階級、異性戀、白人男性。而在其他社會環境下，其構成要素則有所差異。目前，男性氣質研究依然是以西方的理論視野與知識經驗為主導。有限的涉及中國男性氣質的研究（Brownell & Wasserstrom, 2002; Louie, 2002; 2003; Hibbins, 2003），對於當代中國男性之間性別關係的把握幾乎是缺失的。本書將男性農民工納入研究視野，關注他們在城鄉遷移過程中的處境與應對，以及性別身份和男性氣質的動態變化。遷移到城市的農村男性，不僅背負著農村社會對於他們的性別期待，也將遭遇城市與工廠生活帶來的衝擊。他們需要在現實的困境中尋求生存空間，平衡男性身份與農民工身份之間的矛盾，由此所衍生出的對抗與衝突、應對與妥協，都需要得到足夠的觀察與理解。這不僅有助於更好地把握農民工群體的內部分化與矛盾，也將豐富我們對於中國文化環境下男性群體之間等級關係的理解。

1.4 分析框架：社會性別結構與遷移中的性別身份

社會性別是一種基本的社會結構。它體現了我們的社會安排，從而規範了日常生活中的種種活動與實踐。戈夫曼（Goffman, 1977）分析了社會對於男女兩性的安排以及性別差異是如何產生的。在他看來，兩性的生理差異並不與承擔社會活動所需的個體能力必然相關，但仍被賦予了重要的社會意義，其原因在於「制度的自反性」（institutional reflexivity）。一方面，對性別差異的操控確立了社會制度安排的合理性；另一方面，制度的安排又強化甚至產生了性別差異。客觀環境本身也並沒有導致性別主義的產生，而是在某種程度上，基於喚起性別主義產生的目的，被設計成為這種能夠導致性別主義產生的狀態。這種設計是基於文化中對於性別的刻板印象、性別觀念形成的，而環境則被有目的地建構了。要決定社會中的統治和被統治的關係（誰做決定、誰服從），就採用了以性別為基礎進行統治的機制，於是性別差異和性別不平等就在這種社會互動和社會安排中得以生產和再生產。

康奈爾（Connell, 1987）將社會性別結構定義為內置於一系列社會關係中的規則與資源，它們得以在實踐中積極地表現出來，並且通過持續不斷的實踐予以生產、再生產、修正和改變。他同時認為，社會性別並非由單一的結構組成，而是包含著多重結構，可以分為三個部分：勞動分工（division of labour）、權力關係（power relations）和情感依附（cathexis）。在每一個結構中，都存在一定的性別秩序（gender order），即「一系列歷史建構的男女之間權力關係的規則與模式」（Connell, 1987: 98-99）。其中，勞動分工的性別秩序是關於性別分工的秩序，包括特定工作如何在兩性之間進行分配與設計；權力關係的性別秩序指的是權力在男女之間進行分配和操作的規則與關係，在社會實踐中則表現為誰做決定、誰主導、誰控制資源等等；情感關係中的性別秩序則是關於男女之間情感依附和性依

附的規則與關係，並表現就是誰在情感和性上依附誰、如何依附以及為什麼依附等等。基於這種理解，性別結構與其他社會制度，諸如財產分配和婚姻家庭制度，從傳統到現代共同構成了性別差異產生的社會、政治、經濟和文化環境。只有對它們之間的相互作用進行深入的分析，才能揭示出導致性別差異不斷生產和再生產的結構性因素。

社會性別也是個人的基本身份。我們自出生之日起，便被安排到特定的性別類別（sex category）之中（Goffman, 1963），從此便受到不同的對待，承擔不同的權利與義務，並被教授不同的行為規範與態度。性別規範規定了與不同性別類別相關的合適行為與態度的構想（West & Zimmerman, 1987），可以被理解為關於男性氣質和女性氣質的理想化期待。在社會化過程中，性別規範不斷地灌輸給不同性別類別的個體，但這並不意味著個體就此實現了對自我性別類別的認同。因為身份認同並不是一個單向灌輸的過程，它要求個體發揮主觀能動性（agency），並在與結構互動的過程中實現對自我身份的認同。因此，性別身份與社會結構相對應，觸及了行動和個人賦予社會結構的意義（蔡玉萍、杜平，2011）。於是，戈夫曼（Goffman, 1977）便將性別身份定義為：個體通過參考他／她所在的性別類別，並依據男性氣質／女性氣質的理想化期待對自我進行評價，從而建立起一種關於自我的認知。

韋斯特和齊默爾曼（West & Zimmerman, 1987）的「性別實作」理論（doing gender），是在繼承與批判戈夫曼的基礎上建立起來的。戈夫曼（Goffman, 1976）提出性別展示（gender display）理論，認為這是關於文化上建立起來的兩性關係的慣習性描述（conventionalized portrayals），而這種表現又是具有選擇性的。韋斯特和齊默爾曼批評性別展示掩蓋了性別在廣泛的社會活動中的重要作用，他們將理論視野擴大到日常生活中的所有互動。一方面，「性別實作」表現差異。它包括一系列由社會引導的有意識的、互動的微觀政治活動，

這些活動旨於表現出男性氣質和女性氣質的「本質」。他們強調了「性別實作」在社會互動中的核心位置，即互動的參與者通過組織各種各樣的活動來反映和表現社會性別，與此同時，也傾向於感知到其他人類似的行為。另一方面，「性別實作」也製造差異。它意味著製造女孩和男孩、女人和男人間的差異，這些差異並非自然的、本質的或生理的。恰當的「性別實作」可以維持、生產和再生產以性別類別為基礎的制度安排，並使之合法化。韋斯特和齊默爾曼的理論提醒我們，社會性別不是靜止的。它滲透到日常生活的所有互動之中，而互動與互動之間又是緊密相聯的。因此，在對性別差異進行考察時，不能將連續的生命歷程割裂開來，亦不能將生活中的不同部分割裂開來，而需要對它們進行系統而全面的把握。

性別結構表徵社會性別與社會結構的外部關係，而性別身份則觸及社會性別與行動主體的內在關係。性別文化與社會制度雕刻了不同性別群體所需要面對的生活處境，而這卻並不意味著個體只能被動地接受這種性別化的安排。事實上，社會生活中所呈現出的性別關係正是行動主體與包括性別結構在內的不同社會結構之間不斷互動與協商的結果。在城鄉遷移的過程中，隨著性別結構與其他社會結構的遭遇，農民工所體驗到的結構性壓迫是性別化、情境化的。而這些壓迫給農民工主體所帶來的衝擊又是個體化、具體化的。城鄉遷移是性別化的，表明性別結構對於遷移過程具有重要的塑造作用。反之，城鄉遷移也將對農民工群體的性別關係進行調整，對農民工個體的性別身份產生影響，進而觸動農村甚至城市原有的性別結構。無論性別結構還是性別身份，都不是孤立的，更不是靜止的。性別結構在與其他社會結構的交互中，以及滲透於日常生活的實踐中得以改變和修正，而隨著行動主體與變化中的性別結構的協調與互動，性別身份也將發生變化並得到重塑。

通過對農民工在城鄉遷移中結構與主體之間互動的分析，本書將討論聚焦於兩個層面：一，性別結構如何通過與其他社會結構的

互動勾勒出農民工不同群體在遷移過程中的生活處境;二,城鄉遷移過程如何影響他們對於自我性別身份的認同、改變與重塑。依據社會性別、家庭和代際的考量,討論亦將關注農民工不同群體內部的分化與差異。作為一家之主的男性農民工,他們如何在性別與家庭期待的影響下,從農村走向城市?納入到工廠體系之後,性別結構與哪些社會結構產生互動,並給他們營造出怎樣的工作和生活處境?他們又是通過怎樣的性別化實踐予以應對,從而實現對男性氣質的重塑?對於已婚女性農民工來說,女性身份和家庭角色對她們在城鄉遷移過程中的選擇產生哪些影響?她們如何平衡遷移過程中家庭與工作之間的衝突與矛盾?遷移實踐給她們在性別關係中所處的位置帶來哪些改變?新生代農民工正處於婚戀活躍時期,他們的婚戀態度和行為,受到城鄉遷移的哪些影響?遷移中的婚戀實踐,又給農村社會的傳統婚戀模式帶來哪些挑戰?這些問題是本書討論的重點。

1.5 調查地點與田野工作

本研究共進行兩次田野調查,都是在廣東省東莞市某港資電子製造廠展開,在書中稱之為「沙岩廠」。第一次田野調查在2007年5月至8月期間展開,主要通過參與觀察和深度訪談收集資料;第二次田野調查在2009年4月展開,主要通過深度訪談收集資料。

改革開放以來,廣東省逐漸成為中國經濟發展的領頭羊。早在1980年建立的四個經濟特區中,深圳、珠海和汕頭三個特區都坐落在該省。[7]作為城鄉遷移歷史最為悠久、吸納農民工最多的遷入地(Poston & Mao, 1998; Liang, 2001),廣東逐漸成為城鄉遷移研究最為理想的研究地點之一。沙岩廠[8]成立於1991年,隸屬於香港某集團,該集團於1998年在香港上市。作為集團旗下最大的一間製造

廠,沙岩廠主要生產電子計算器、電子記事本、電子玩具等產品,
遠銷日本和歐美等國家地區。該廠佔地面積達90,000平方米,在空
間上大致可以分為前部的生產區域和後部的生活區域。一條寬闊的
柏油路從工廠正門貫穿到底部,又將廠區分為左右兩邊。除行政辦
公樓和招待所之外,廠內共有四棟用於生產車間的樓房,四棟員工
宿舍(A座、B座、C座、D座),一個食堂,以及其他相關設施。此
外,廠內還設有一個橢圓形、鋪有草皮的足球場,和一棟專門用於
文娛活動的樓房(E座)。

　　2007年,沙岩廠共有員工5,000餘人,分別在16個部門工作,
其中約有4,000名產業工人。我是在該廠五金部進行田野調查的。五
金部的前身是砂石五金廠,成立於1997年,與沙岩廠隸屬於同一集
團。1999年底,兩廠合併,砂石廠成為沙岩廠五金部,並搬入該廠
位於流沙地區的廠址。五金部下設七個生產組,包括絲印組、銘版
組、刀模組、啤機組、皮套組、包裝組和質量控制組(QC)。2007
年,五金部共有300餘名員工,位於生產區域某四層樓房中的底層
車間。到了2009年,部門員工略有減少,生產空間也進行了重新分
割。其中,絲印組和皮套組搬到同樓的二層車間,而底層的部分車
間則出租給另一工廠。

　　影響田野調查順利展開的一個關鍵問題,是研究者能否接觸到調
查地點並順利進入。通過博士導師所調動的社會關係網絡,我有機
會接觸到沙岩廠五金部經理。通過他的安排,我以「自上而下」(top-
down)的方式進入田野,開始了在工廠裏的工作與生活。2007年,我
先以「普工」身份進入包裝組工作,而後以「QC」身份進入絲印組工
作。[9]由於工廠之內存在等級分明的權力關係,為了避免因與管理者
的熟識而導致與普通員工的疏離,我在關係管理上採取了分時間、空
間進行溝通與互動的策略。與管理者的溝通,主要是通過在工作之餘
對他們主動拜訪實現的。而在工作時間,作為普工的我則盡量避免與
他們直接接觸。2009年,調查僅通過深度訪談收集資料,過程大大簡

化。在此過程中，包裝主任提供了許多細節上的幫助，諸如提供住宿信息、安排受訪者、協調與其他工作組的關係等等。

根據貝瑞曼（Berreman, 2004），參與觀察要求我們通過日常生活中的密切接觸逐漸瞭解研究對象，瞭解他們的語言以及他們的生活方式。這意味著研究者要與研究對象交談，一起工作，盡量在不同場合一同出現，從而利用各種機會認識和瞭解他們。因此，我在第一次田野調查期間，不僅在工作過程中對工友們進行觀察，傾聽並參與他們的談話，並且利用業餘時間參加他們的聚餐、逛街、搬家、看病、家庭拜訪、慶祝節日、工廠晚會等各種活動，從而對他們的工作和生活進行全方位的深入瞭解。為了及時準確地記錄田野中的見聞，我在田野中每天都記錄田野筆記，注意使用吉爾茲（Geertz, 2001）所提出的深描方法（thick description），並在記錄時採用了一些技巧。比如，為了節省時間，我使用錄音的方法記錄每天的見聞；由於工作時間不便錄音，為了準確記錄關鍵信息和減少遺漏，我在工作場所利用手機或便簽[10]進行簡單記錄，以方便工作之後整理田野筆記。除了田野筆記之外，我也採用其他方式記錄田野中的見聞，比如拍照和短信。

布洛維（Burawoy, 1991）提醒我們，參與觀察的獨特之處在於通過研究對象所生活的時間和空間對他們進行研究，其優勢不僅包括對人們行為的直接觀察，還包括如何理解和經歷這些行為。通過比較研究對象的言與行，以及不同研究對象之間的言行，可以更加準確地判斷與理解觀察到和聽到、以及沒有觀察到和沒有聽到的行為與事件。在此基礎之上，我也通過深度訪談的方法收集資料。第一次田野調查中，我在離開田野前的一個月裏，對16位農民工進行了深度訪談。這些訪談對象分別來自於我所工作過的包裝組和絲印組，是基於日常工作與生活的瞭解而有目的地揀選的。深度訪談與參與觀察的互補，在很大程度上豐富了調查所收集的資料。相比之下，第二次田野調查所收集的資料則相對單一，主要是24個深度訪

談的錄音資料。訪談對象來自五金部各個生產組，以性別和婚姻狀況為依據進行揀選。

很多研究者都發現，性別是影響田野調查的重要因素（Burgess, 1991; Williams & Heikes, 1993; Warren, 2001）。在第一次田野調查中，儘管我所參與的社會活動種類相對豐富，但具有明顯的性別烙印。與所有社會生活一樣，田野調查也是性別化的（Warren, 2001）。身為女性研究者，我所能接觸到的往往是局限於女性研究對象參與或者男女研究對象共同參與的社會活動，諸如逛街和聚餐。而那些局限於男性研究對象的社會活動則將我排斥在外，諸如私下賭博和酒吧聚會。儘管我曾受邀到不同農民工家庭作客，但這些邀請都來自於女性工友，而這些家庭的男主人在我的拜訪期間往往是間歇在場或不在場的。這在很大程度上限制了我在工作場所之外接觸男性研究對象，從而不利於對該群體進行全方位的觀察。除此之外，研究者的性別對於深度訪談的影響也需要特別注意（Williams & Heikes, 1993）。在與男性受訪者進行訪談時，我更加注意保持敏感度，特別是在第二次田野調查中，因為研究者與研究對象之間的信任是需要培養的。在缺乏瞭解的情況下，正確理解受訪者所說的話，無論是表面意思還是深層含義，以及判斷他們沒有說出的話，都顯得格外重要。

羅伯特・斯特賓斯（Stebbins, 1991）曾指出，從完全中止與研究對象所有關聯的意義上說，研究者很有可能從沒離開過田野。誠然，在田野調查的過程中，即使我十分注意保持中立立場，平衡觀察者與參與者之間的關係，也難免會在情感、道德或社會層面捲入（involvement）與研究對象相關的議題之中。對於民族誌研究者來說，這種情況則更為常見。2007年8月11日是我第一次田野調查的最後一天，2009年4月21日是我第二次田野調查的最後一天。兩次離開田野，每每都感慨良多。特別是第一次之後，三個月的朝夕相處使我在很長一段時間內都難以從田野之中跳脫出來。那時最大的感受

是，自己作為研究者的無力，以及對於研究對象的虧欠。在第一次離開田野的四個月之後，我收到五金部絲印組一位工友的短信：

> 杜平博士小姐您好！我打算元旦回家，如果你需要到農村考察研究就跟我一起去，只要我能夠幫助你的就會全力幫忙。為的是你能寫更好的論文，把我們中國這個農業大國快速發展起來，加快全面實現小康水平的步伐。你又有什麼想法嗎？
>
> （2007年12月17日）

這是一位普普通通的員工，五十歲左右的年紀，個子矮矮的，臉上佈滿了皺紋，其他工友都稱他為「老頭兒」。雖然已經在外打工十幾年，他的廣西口音仍然沒有改變，所以我與他的交流存在一些不順暢，但仍能體會到他「發聲」的強烈意願。對我來說，這些普普通通的農民工是真正的給予者（giver）。他們為我的研究提供了豐富的資料，而我微薄的能力卻難以給他們任何回饋。此時，這些思緒又重新回蕩在我的腦海。也許，我從來沒有離開過田野。

1.6 本書章節概覽

本書的**第二章**關注男性農民工在城鄉遷移過程中所受到的結構性壓迫與束縛，以及他們的身體如何成為生產過程中的勞動力。該章首先介紹了父權制的農村社會對於男性的性別期待，以及他們所面對的現實與理想之間的差距。在這種背景下，他們從農村走入城市，經歷了生活空間與職業身份的轉變。繼而，該章分析了男性農民工在工廠等級結構中的位置，以及他們的身體在生產體制與勞動宿舍制之下所受到的規訓。親身體驗工廠「差異政治」的他們，受到了來自性別結構與不同社會結構相互交織的壓迫與剝削，包括城鄉二元結構和階級結構。

　　第三章討論了男性農民工在城市和工廠之中尋求向上流動的渴望與努力，以及他們通過這些實踐重塑男性氣質的過程中所遭遇的矛盾與阻礙。背負著家庭責任和性別期待的男性農民工，通過各種努力在工廠體系與城市勞動力市場中爭取職位與收入的提升。然而，不公平的向上流動機制和勞動力市場的種種風險，為他們的自我實現設置了重重障礙。他們不得不再次面對現實與理想之間的左右拉扯。也正因為如此，對農民工身份的疏離，以及回歸農村謀求發展便成為他們另一種生存策略。該章的最後也探討了男性農民工如何在職場之外，通過關係網絡的構建以及賭博的方式，尋求自我實現和自我滿足。

　　第四章的焦點集中於已婚女性農民工如何在家庭與遷移的不平衡中尋求心理、選擇與行動之間的平衡，以及遷移實踐給她們在家庭性別關係中帶來的改變與不變。該章首先介紹了女性在農村社會和家庭生活中的處境。已婚女性是否進行城鄉遷移，受到作為妻子、母親和兒媳角色的影響。因此，她們的遷移實踐具有反抗與延續傳統性別秩序的雙重意義。而後，該章討論了遷移給女性家庭地位和家庭生活帶來的改變，並分析了轉變中仍然存在的不變。面對工廠等級結構中最底層的位置，她們在生產過程中以不同於男性的方式進行回應，這些實踐都受到了性別身份和家庭責任的重要影響。

　　第五章的主要議題以新生代農民工在遷移過程中的婚戀實踐為線索，並對其中所蘊含的從傳統向現代的轉變進行了討論。即使在當代農村，「新式包辦婚姻」依然是主流的婚配模式。該章分析了在獲得經濟獨立並擺脫父母控制的情況下，未婚農民工充滿慰藉和辛酸的愛情體驗，以及在同輩群體和文化環境的影響下所嘗試的婚前性行為。男性和女性在這些愛情實踐中採取不同的行動，賦予不同的意義，並獲得不同的體驗。儘管遷移過程中的愛情依然與婚姻存在距離，但這些愛情實踐也在一定程度上對傳統婚配模式提出了挑戰。

　　第六章是全書的總結與討論。基於對農民工日常實踐的審視，

本書圍繞著農民工不同群體各自關切的重要議題展開討論。它開啟了關於農民工男性氣質的本土研究，補充了有關已婚女性農民工平衡遷移與家庭的經驗，豐富了對於新生代農民工婚戀與現代化轉變的思考。本土實證分析揭示，男性氣質的內在邏輯超越了文化界限，並在動態的建構中不斷變化。突破二元對立的局限，不難發現性別關係的繁複性日趨鮮明。多元與變化是轉型時期性別關係的主題，在動態的日常實踐中不斷地建構與重構。進一步的探討，將要求我們注重交叉性分析所強調的結構間互動、結構與主體之間的微觀互動，以及對於動態變化的情境化把握。

註 釋

1　數據來源：http://www.stats.gov.cn/tjsj/zxfb/201604/t20160428_1349713.html。

2　孫立平（2003）在〈城鄉之間的「新二元結構」與農民工流動〉一文中總結了城鄉之間戶籍壁壘的形成過程，原文如下：「在1951年，公安部公佈了《城市戶口管理暫行條例》，這是新中國第一部有關戶籍管理的法律法規。1957年，政府實行了控制戶口遷移的政策。1958年1月，全國人大常委會第91次會議討論通過《中華人民共和國戶口等級條例》。該條例第10條第2款對農村人口進入城市作出了帶約束性的規定：『公民由農村遷往城市，必須持有城市勞動部門的錄用證明，學校的錄取證明，或者城市戶口等級機關的准予遷入的證明，向常駐地戶口等級機關申請辦理遷出手續。』這一規定標誌著中國以嚴格限制農村人口向城市流動為核心的戶口遷移制度的形成。」自1958年到1984年，城鄉壁壘從正式確立與打破的過程，整整經歷了26年的時間。

3　參見：http://www.cctv.com/special/C22314/20081009/105109.shtml。

4　參見：http://cpc.people.com.cn/GB/64162/135439/8134446.html。

5　2010年，國務院發佈的中央一號文件〈中共中央國務院關於加大統籌城鄉發展力度，進一步夯實農業農村發展基礎的若干意見〉指出：「採取有針對性的措施，著力解決新生代農民工問題」，是「新生代農民工」這一概念首次出現在官方文件之中。參見：http://politics.people.com.cn/GB/1026/10893985.html。

6　數據來源：國家統計局住戶調查辦公室，〈新生代農民工的數量、結構

和特點〉，2013年3月11日發佈，http://www.stats.gov.cn/ztjc/ztfx/fxbg/
201103/t20110310_16148.html。

7　參見：http://cpc.people.com.cn/GB/64162/64165/77585/78769/5462958.html。

8　資料來源於沙岩廠官方網頁，出於保護匿名性的考慮，這裏不提供相
關信息。以下皆同。

9　QC（質量控制）隸屬於QC組，受QC組長、包裝主任和質檢主管的層
層管理。絲印組與QC組分屬於不同部門，受絲印組長、絲印主任和絲
印主管的層層管理。由於QC需要對絲印組所生產的產品進行質量檢
測，QC可以進入以男性員工為主導的絲印組，以合作形式一起工作。

10　由於五金部管理者的管理策略較為鬆散，工作時間員工在工作車間使
用手機收發短信、聽音樂、上網等現象時有發生，因而我使用手機記
錄信息並不會引起注意和懷疑。使用便條進行記錄，也是安全的選
擇。因為我先後從事的包裝和QC工作都提供了進行記錄的便利條件，
便簽和筆都是工作時需要使用的物資。

第二章

男性・農民・工
三重結構下的男性氣質

　　在當代中國，農村男性的生命軌跡，與改革開放近40年深刻影響中國社會面貌的城鄉遷移，緊緊地聯繫在一起。儘管時代背景和社會結構並不能直接決定每個個體的行動，但能夠通過左右不同行動所帶來的後果，而對具體的選擇產生影響。上一章所提到的胡慶，在遷移過程中經歷了不同階段的選擇——從第一次外出打工，到返鄉蓋房、娶妻生子，再到第二次外出打工，以至於看不到打工的盡頭——深刻地映射出一個生長於農村社會的男性，在國家經濟體制改革與世界經濟全球化的交互作用下而成為「世界工廠」的中國，所面對的生活際遇與處境。在結構性矛盾所塑造的社會現實之中，無論個體如何趨利避害，都將不可避免地體驗其中的無奈、緊張與挫敗。

　　城鄉遷移在拓展生活空間的同時，也拓展了農村男性的關係網絡，使得他們與來自不同社會背景的男性和女性產生關係和互動。正是在這個動態變化的過程中，性別對於他們的意義得以更加豐富地呈現。為了深刻理解男性農民工群體，我們需要深入農村與城市、家庭與工廠之中，去探究遷移經歷給他們帶來的改變和影響。

2.1 父權制下的中國農村

自封建社會起，中國的父權制就植根於以家庭為單位的小農經濟和儒家傳統文化 (Stacey, 1983; Zuo, 2009)。在「家本位」的文化傳統中，家庭既是從事經濟生產的基本單位，又是參與社會事務的活動主體。儒家文化對家庭結構中女性的地位進行了明確的規範，「未嫁從父，既嫁從夫，夫死從子」的規訓刻畫了中國社會傳統的性別秩序。父權制以性別為線索，以家庭為載體，在社會中進行資源配置，組織各項生產和生活活動，並通過觀念的灌輸和行動的傳遞在代際間進行維持和複製，從而成為傳統。儘管 20 世紀以來，中國的婚姻實踐出現了不少向「現代生活」的轉變，但在整個社會，特別是鄉土農村，婚姻和家庭生活仍然是以父權制、從夫居和父系繼承為主要特徵展開的 (Hershatter, 2004)。可以說，父權制依然塑造著當代中國農村社會的基本形態。

在典型的中國父系家庭之中，成年的已婚男性往往扮演著一家之主的角色。男性家長擁有絕對的權力，控制著家庭資源的分配，主導著家庭經濟和主要活動。然而，這並不是父權制帶給男性的全部結果。正如康奈爾所說，在性別關係中，男性通過某些特定方式被賦予權力，而這些方式本身也對其產生了種種限制 (Connell, 1987: 108)。男性家長在享受特權的同時，必須承擔起與之相應的責任。作為家庭的領導者，他們必須承擔起養家糊口的責任，對家庭的延續與興衰負有主要責任，並以家庭核心代表的身份接受社會的評價。

2.1.1 對農村男性的期待與評價

父系家庭的基本功能包括了提供食物、供養老人和小孩，而更為重要的，則是延續男性香火 (費孝通，1998；Whyte, 2003; Yan, 2003; Zuo, 2009)。無法為家人提供溫飽和照料，或者沒有兒子傳宗接代，往往會給男性家長帶來負面評價，特別是在傳統文化依然深

厚的農村地區。而這些基本職能的履行，又與男人的「幾宗大事」[1]
密切相連，並成為男性家長獲得鄉土社會認可和正面評價的重要條
件。調查發現，「建房子」和「娶媳婦」是農村社會中影響男性個人聲
望和社會地位的主要成就。

　　住房是生活必需品，它為家庭成員提供基本的生存空間。在大
多數生活環境中，購建房屋都成為普通家庭最大的消費項目。居住
環境不僅直接關係到家庭的生活質量，更成為其經濟條件最直接的
表現。在中國農村，住房如同男性的「名片」。人們往往通過它來判
斷這個家庭是否富裕，這個家長是否有所成就。因此，盡其所能地
修建好住房是每個男性家長及其家庭的首要目標。從胡慶的講述中
可以看到，因為沒有錢交學費而外出打工的他，在福建辛苦工作了
兩年之後，並沒有選擇重拾學業，而是將回家建房作為首選。另一
位受訪者韓福也曾談到：「生在農村來説，就是講我們那裏一般都講
建房嘛，那基本是比較大的一件事了。」任何有關建房的細節，對他
們來説都具有重要意義，包括房子的規模、建房的花費，甚至建房
的時序。來自湖北的韓福在30歲時也建起了自己的房子，他清晰地
記得：「（村裏）有四十多戶人家吧，我是第六個蓋房子的」，其中不
乏些許得意。而來自湖南的趙鵬在與妻子打工多年之後，終於花了
十六七萬在家鄉蓋起了三層高的樓房，他也驕傲地説：「在我們那個
村子裏面還算可以，還算數一數二的。」可見，建房對於男性的意義
不僅僅在於它能滿足家庭生活的需要，更重要的，也能成為他們獲
得滿足感的依據。

　　所謂「成家立業」，作為男性成人和獨立的標誌，「成家」比「立
業」更為優先。家庭的建立又關係到「男性香火」的延續，因此顯得
尤為重要。結婚之後，男性將擁有屬於自己的家庭，並由此獲得家
長的地位和權力。然而，「娶媳婦」並不是一件簡單容易的事情。在
擁有住房的前提之下，男方需要按照當地的婚姻習俗向女方支付聘
禮，並擔負婚禮相關的全部費用。建房之後，胡慶並沒能按部就班

地「成家」，而是繼續外出打工，以便為迎娶媳婦準備相關的費用。
他最終於2000年春節返鄉結婚，花費了近兩萬元舉行婚禮。那時距
他第一次外出打工，已經過去了六個年頭。來自安徽的受訪者馬俊
於2005年結婚，缺少家庭支持的他也向妻子娘家支付一萬元聘禮，
這動輒上萬的結婚費用是對男性經濟能力的考驗。有能力締結婚姻
對於男性來說，能夠幫助他們獲得自我滿足以及他人的認可。正如
來自湖北的王成所說：

> 我從我家走的時候，我說了，我不在外面弄個名堂我就不回
> 來，不搞到錢我就不回來，就不往回走。剛好去年我回去一
> 趟，我去年把老婆帶回去結婚，我是錢沒掙到，我把人帶回來
> 了，呵呵，是不是。畢竟我成了一個家庭，是不是，我有一個
> 幸福的家庭，多好。……我家裏，舅舅舅媽都看得起嘛，你看
> 人家在外面打工，打了幾年，帶一家人回來了，是不是，多好
> 的。人家有看法有想法，錢沒掙到，掙到人了。
>
> （王成，男，已婚，1976年出生）

　　儘管這些受訪者來自不同省份，但他們的經驗告訴我們，在農
村地區，「建房子」和「娶媳婦」在很大程度上依賴於男性及其家庭的
經濟實力，並直接關係到農村男性的個人聲望。他們如果有足夠的
經濟能力來建房子和娶媳婦，通常會被認為是有所成就的，也能夠
得到鄉土社會的普遍認可。韓福的陳述充分說明了這一現實：

> 我們家裏有句，有句古話嘛，有句老話嘛，三十不好，四十不
> 富嘛。……如果是你到了三十歲，你這一點都沒有的話，人
> 家別人就當面不說，背後他就笑話你，說你這個人沒有什麼用
> 處，說人家某某某，現在二十九歲，三十歲，房子也蓋了，老
> 婆也娶了，或者說學了個什麼技術在那裏當個小小的老闆，你
> 現在三十幾歲了，現在還是一事無成。
>
> （韓福，男，已婚，1969年出生）

　　鄉土社會依據此標準對男性進行評價，說明了兩個問題：一，經濟上的成就對於男性是至關重要的；二，男性對於家庭經濟狀況負有主要責任。父權制下，有限的家庭資源是圍繞男性利益進行分配的。然而，資源分配並不是經濟過程的終點，而是進行經濟積累的起點。家庭對於男性的經濟支持，其背後蘊含著依靠他來改善家庭經濟狀況的潛在期待。男性被寄予厚望，在享受利益的同時，必須承擔起家庭的經濟責任。當經濟利益和責任同時歸於男性時，經濟領域便成為男性的領域，經濟成就也成為男性獲得社會地位與聲望的基礎。於是，農村男性必須積極地參與到經濟活動之中，以經濟領域中的成就來滿足家庭對他們的期待，從而獲得他人和社會的認可與肯定。

2.1.2 經濟生活與性別分工

　　儘管改革開放給中國經濟發展帶來了新的契機，但農村的經濟環境卻仍然不容樂觀。2000年初，湖北省某鄉黨委書記李昌平給朱鎔基總理寫信，提出「農民真苦，農村真窮，農業真危險」。[2] 由此，「三農」問題得到社會各界更為廣泛的關注，政府也加大扶持力度予以解決。即便如此，大部分農村地區的經濟發展水平依然遠遠落後於城市，農民的收入也與城市居民的收入存在顯著的差距。從表2.1可以看出，2001–2010的十年間，雖然農村居民收入呈現逐年上升的趨勢，但卻長期維持在城鎮農民收入30%左右的水平。

表2.1：2001–2010年中國城鄉居民人均可支配收入及其比例[3]

	2001	2002	2003	2004	2005	2006	2007	2008	2009	2010
城鎮 (元)	6,860	7,703	8,472	9,422	10,493	11,759	13,786	15,781	17,175	19,109
農村 (元)	2,366	2,476	2,622	2,936	3,255	3,587	4,140	4,761	5,153	5,919
農村： 城鎮	34.5%	32.1%	30.9%	31.2%	31.0%	30.5%	30.0%	30.2%	30.0%	31.0%

　　正如許多受訪者的經驗，農副業生產具有季節性和不穩定性的特徵，亦不能創造較高的經濟效益，導致他們的生活貧困而艱苦。2000年，在外打工多年的胡慶重返家鄉。為了和家人團聚，特別是能夠更好地照顧即將出生的雙胞胎兒子，他決定留在家鄉。然而，在其後的兩年中，他非但難以依靠在農村做小生意養家糊口，反而花掉了許多打工掙來的積蓄。「農民真苦，農村真窮」──這字裏行間所透露出的冰冷事實，是他們切切實實的生活體驗。正如胡慶所回憶的：

> 苦，在家沒錢，賺不到錢，生活還是，就是說存不到錢。這樣我在外面打工的話，還能存到一點錢，在家裏賺的錢，是賺了錢，賺的錢都是看不到的。你賺了錢呢，又要，賺的少，也不是經常有的，他做生意也是按照季節來做的嘛，種那西瓜呀，種那些反正值錢的東西，可以賣的，就是有季節收穫的。就是顧著人情禮送呀，在家裏送禮呀，油鹽米醋呀，反正在家買什麼東西，基本上沒有，沒有多少。那時候呆了二年，以前打工積的錢呢，在家裏也花了不少。

> （胡慶，男，已婚，1974年出生）

　　儘管經濟環境惡劣至此，父權制下的性別分工卻依然無可避免，女性仍被排斥在農村經濟活動的主體之外。杰華 (Jacka, 1997) 曾指出，工作的內與外、輕與重、有無技術含量的區分，在農業內部以及農業與其他有償工作之間的組織，以及性別分工合法化的過程中，扮演著重要的角色。相對於男性，女性的工作被定義為內部的、輕鬆的和低技術含量的。在中國農村，男性主導著外部經濟活動，從事農業生產或副業經營等有償勞動；女性的活動領域則主要囿於家庭，承擔無償的家務勞動，照料孩子與老人。也正因為如此，男性家長被看作是家庭生活中的經濟支柱，肩負著供養整個家

庭的重任。包括胡慶在內的許多受訪者，在回憶早年農村生活的時候，都自覺地抹殺了母親對於家庭的貢獻，而將父親視為唯一養家糊口的人。這與工業化以來男性作為家庭供養者的迷思密切相關，它讓人們誤以為只有有償勞動才是「真正的工作」。

> 那時候就是靠我老爸一個人，靠我老爸一個人能賺是能賺一點
> 錢，他養一個家養那麼多人也困難得很，讀書就靠他的錢啊。
>
> （張林，男，已婚，1981年出生）

然而，當貧困仍是農村經濟生活中的主題時，它給男性家長帶來的並不是一家之主的優越與特權，而更多的是養家糊口的負擔與壓力。男性家長對家庭經濟狀況負有首要的責任，需要保證家庭成員的基本需求能夠得到滿足。迫於現實困境和家庭責任，他們不得不夜以繼日地辛勤勞作。胡慶的父親是一名農村教師，但這份工作的微薄收入並不能支付整個家庭的生活開支，所以他只能「拼命幹活」。儘管如此，家庭的經濟狀況也依然不盡如人意。

> 我爸還去拼命幹活，回來，教書回來還要耕田種地，顧糧食，
> 這麼一大家人吃飯，又教書。有時間的話，中午回來或者下
> 午回來，他要幹農活，這麼多小孩吃飯嘛，他就沒有多餘的錢
> 那樣。
>
> （胡慶，男，已婚，1974年出生）

不難想像，在艱苦的經濟環境下，農村男性往往需要承受來自生活的巨大壓力。辛勤勞作不能帶來經濟上的富裕，生活需要也難以得到充分的滿足，建房娶妻的目標變得更加遙不可及。於是，背負生活「枷鎖」的他們不得不尋找機會參與到其他經濟活動之中，以改變農村家庭的經濟狀況，並努力滿足性別文化對他們的期待。

2.2 離開農村：現實困境與性別化的選擇

改革開放以後的城鄉遷移，是1949年新中國成立之後農民經濟活動領域最大範圍的拓展。成千上萬的農民前赴後繼地加入打工仔、打工妹的行列，以親身實踐對這一歷史機遇作出了回應。1980年代，到城市尋找就業機會的農村勞動力被歧視性地稱為「盲流」，其中傳遞出他們的流動具有盲目性的訊息。也許他們從農村到城市的流動並不曾經過縝密的計劃，但作出遷移的選擇卻並非偶然。正如實踐是對特定情境的回應，亦是在社會關係的明確結構中產生出來的 (Connell, 2005: 72)。當外出打工成為可能，如何進行選擇則受到來自農村的推力與城市的拉力的雙重作用 (Ravenstein, 1889; Lee, 1966)，而社會性別作為一種文化屬性，則賦予這些選擇性別化的意涵。

2.2.1 貧困導致的不同困境

對於大部分農民工來說，特別是老一代農民工，他們作出城鄉遷移的決定在很大程度上是迫於經濟的壓力。但由於所處地區和家庭經濟環境不盡相同，他們離開農村的直接原因也千差萬別。胡慶是少數幾個擁有高中學歷受訪者中的一員。正如前文所提到的，他第一次外出打工，是在窘困的家庭經濟條件迫使他放棄學業的情況下展開的。收到大學錄取通知書本是件值得高興的事，然而貧困的家庭卻支付不起昂貴的三千元學費。改變命運的機會近在眼前，卻不得不因為貧困而放棄。儘管內心充滿苦痛，但生活仍須繼續。於是，他選擇了外出打工。他說：「那些同學都走了，都去了，我心裏也難受，我說那時候我丟了(學)業，我還是出來打工，人家都出來打工那時候。」儘管農村家庭資源的分配往往是圍繞男性利益而展開的，父母會把有限的教育資源優先分配給男孩，但當貧困並不足以支撐男性享受優先機會的時候，上學便成為奢侈，而外出打工則是他們最普遍的選擇。來自湖北的王成因為家庭貧困而不得不輟學，

雖然和從沒上過學的姐姐相比已屬難得。正如他所說的：

> 不是不想上學了，說那個家裏面很窮嘛，說心裏話，我姐她還
> 沒讀過書呢，連學校門都沒進過呢。
>
> （王成，男，已婚，1976年出生）

貧困大大降低了農村家庭應對風險的能力，疾病成為學業之外
給家庭帶來經濟壓力的另一重要原因。有限的收入除了滿足日常的
基本開支以外，並沒有足夠的積累以備不時之需。胡慶第二次外出
打工的直接原因，便是父親患病卻無力醫治。2002年，積勞成疾的
父親終於沒能逃脫疾病的困擾，從而給整個家庭帶來難以承受的經
濟負擔。作為唯一的兒子，胡慶為了賺錢讓父親治病，再次踏上了
打工之路。

> 就是腦血管萎縮，他（指醫生）說，治不好的，他說只能說是
> 控制，他說你要真想給他治的，就是多吃點藥，買點藥回家，
> 就這樣。那時我都想給他治，給他治，手上沒錢，做生意又……
> 然後我就想出來打工算了。
>
> （胡慶，男，已婚，1974年出生）

相比之下，生存成為困難，大概是貧困中最極端的表現。王成
生長於一個六口之家，母親因為殘疾不能勞作，父親為了供養四個
子女終日奔波。即便如此，僅靠農業收入也難以維持整個家庭的基
本生活。於是，他未讀完小學便開始賺錢養家。比胡慶小兩歲的
他，更早一年開始外出打工。當回憶為何外出時，他提到：

> 什麼一交啊，那就留點口糧，顧個嘴，零花錢都還沒有……
> 沒錢的，攢點米去賣啊，只有這點儲蓄，還有什麼，是不是？
> 一年就收來幾千斤稻穀糧食，沒錢的那個，就打點米去賣，吃
> 的也是它，賣的也是它，哪能生存得下去？
>
> （王成，男，已婚，1976年出生）

儘管貧困剝奪了很多生活的機會，但未能將男性與鄉土社會對他們的性別期待剝離開來。「建房子」和「娶媳婦」依然是他們生活的主要目標，也成為他們經濟壓力的重要來源。像胡慶一樣，打兩年工存錢建房子，再打兩年工存錢娶媳婦，在男性農民工之中並不少見。張林出生於陝西農村，在家裏四個孩子中排行第二。經濟條件不好又多子女的情況下，他的家庭也遭受著貧困的考驗。迫於經濟壓力，16歲的他便早早地分擔起了家庭責任。在2007年接受訪談時，他打工已有整整十年的時間。而就在他外出打工的第二年，家裏便開始建房。儘管更早開始打工的哥哥依靠積蓄為建房提供了一定的經濟支持，但家庭依然需要借錢來完成建房的任務。所以之後的幾年，張林一直努力地幫助家裏償還那些因建房而欠下的債務，那便是他為家庭建房所作出的貢獻。這種情況下，原生家庭非但不能為張林的娶妻生子提供任何支持，反而會因為在經濟上對他存在依賴，而使他距離建立自己家庭的目標變得更加遙遠。在外打工，便成為解決這些問題的唯一出路。

2.2.2 城市的吸引

除非感受到某些可以稱之為吸引力的因素，很少人會將主動遷移視為對壓力的反應（Kosinski & Prothero, 1975）。數以萬計的農村勞動力遠離家鄉到城市謀求生計，不僅僅因為參與農村經濟活動所獲得的收益不足以支撐他們的生活需要，更重要的是，他們相信城市能夠提供更好的經濟機會和收益。城鄉收入之所以存在巨大的差異，在很大程度上緣於中國社會存在不平等的城鄉二元經濟結構。以現代化工業生產為主的城市經濟，與以典型小農經濟為主的農村經濟的並存，是城市化和工業化過程中勞動力轉移的充分必要條件（Lewis, 1954; Rains & Fei, 1961; Todaro, 1969）。城市現代工業部門聚集了大量資本，並具有較高的勞動生產率，而傳統農業部門則擁有

大量剩餘勞動力。當農業剩餘勞動力的邊際生產率為零時，只要工業部門需要，就可從農業部門吸納勞動力，於是便導致了勞動力在地理空間上由農村向城市的遷移(Lewis, 1954)。受訪者王成介紹，他退學之後也曾在家鄉湖北農村打工，工資是每天5元，當聽說在廣州打工的工資是每天20元時，他便毅然離開了家鄉到廣州打工。四倍工資對於生活貧困的農民所具有的吸引力，是毋須用語言來詮釋的。對於那些親身體驗著父母辛苦一輩子都難以讓家人過上衣食無憂生活的年輕勞動力來說，城市所充斥的經濟機會是他們改變生活困境的希望，而經濟收入的顯著差異則是最重要的吸引。

　　當然，就業機會和高額收入並非城市給外來打工者帶來的全部想像。在現代化進程之中，當人們將城市與「現代」聯繫在一起時，它無疑暗示著一種全新的生活方式。因此，即使沒有受到貧窮的困擾，外出打工也越來越普遍地成為那些渴望不同生活體驗的農村青年競相追逐的夢想。類似於「不願意上學」、「讀不進去書」的想法在受訪者中並不少見，他們在放棄學業之後都選擇了外出打工，甚至為了外出打工而放棄了學業。2006年，在小學就曾連續降級的周德在初中「混了半學期就混不過啦」。他清晰地記得，老師在一個星期三處罰了他，於是他星期四逃課泡網吧，到了星期五便從學校裏把書拿回家，輟學了。當老師問他為什麼不讀書了，他自己也回答不出原因。他只是知道，他不要再讀書了，而是選擇到廣東打工，那年他只有16歲。同樣自己決定輟學而後外出打工的，還有來自安徽的馬俊。初中二年級時，他把父親所給的學費當作路費，第一次離開家鄉到河北打工。在談及為什麼作出這種選擇時，他是這樣解釋的：

> 其實人都有種欲望的，你說有好多人為什麼不上學去掙錢呢，因為他在上學的同時達不到自己那種花錢的欲望。有一種渴望，自己在外面，我能掙多少錢掙多少，想花多少花多少，那種自由感。

> （馬俊，男，已婚，1980年出生）

這裏所強調的「欲望」、「渴望」和「自由感」，體現出一個農村青年對於另一種生活方式的嚮往。這種嚮往既擁有一定的現實基礎，又充滿著理想化的想像。城市作為外出打工的目的地，一方面能夠通過提供就業使他們獲得經濟上的獨立，以滿足收入和消費的渴望；另一方面又因與農村家鄉存在空間上的距離而能夠幫助他們擺脫來自家庭的約束，從而實現生活上的自主。也正因為如此，它滿載著農村青年對於新生活的期待，吸引著他們前赴後繼的腳步。

2.2.3 選擇中的性別期待

遷移是性別化的過程，亦充滿著性別化的抉擇。農村男性勞動力的遷移決策，受到傳統性別規範的影響。一方面，當外出打工成為可能，「男主外、女主內」的性別分工模式被重新定義，工作「內」與「外」之間的邊界得以重新劃分。相對於農村本地的工作，外出打工被視為外部的工作，於是男性理所當然地承擔起這部分的工作。另一方面，男性作為養家糊口者和家庭支柱，需要在經濟條件不足以滿足生活需要的情況下，或者為了給家庭成員創造更理想的物質環境，去開拓能夠帶來更多經濟收益的工作機會。於是，農村男性首先脫離了農業生產，懷揣著改善家庭經濟狀況的性別期待，踏上了遷移之路。

在經濟條件相對寬裕的情況下，農村男性所背負的性別化期待是否會有所降低呢？其實不然。當家庭經濟條件可以為他們提供更好的生活與學習條件時，他們也同時被賦予了更高的期待。通過教育改變個人和家庭命運，便成為父輩寄予他們的殷切希望。然而，並不是每一個有機會接受教育的人都對學習感興趣，前文提到的周德和馬俊就是其中的例子。厭學的馬俊曾在初中二年級離家出走，他表示當時最大的想法就是不去上學。雖然第一次外出打工嘗盡苦頭，但回到學校不久的他又再次選擇放棄學業。對他寄予厚望的父親失望至極：

我老爸也很生氣，從我開始不上學以後，他就氣，我就是聽我
老媽那樣説，我不知道。所以説，他就是感覺我比較不成氣候
嘛，不聽他的話，不往正方面，不往正方面跟著他的想，所以
説他就説我。

（馬俊，男，已婚，1980 年出生）

然而，父親的態度依然無法改變他的心意：「我那時都想了，反
正既然開始出來闖了，不是説給自己掙錢不掙錢，最主要是給我家
人看，因為我老爸一直都看不起我是吧。」當男性不能通過學業上的
成就來滿足家庭的期待時，外出成就事業以證明自己便成為他們的
另一種選擇。這種選擇，充滿著冒險精神。不少男性受訪者用「闖」
和「博」來修飾他們外出打工的動機，這些充滿男性氣質的語言符
號，詮釋出外出打工所蘊含的男性化抱負。

相比之下，農村女性的外出打工儘管也受到了經濟壓力和城市
吸引的雙重作用，但並沒有像男性一樣，背負著沉甸甸的責任與期
待。杰華曾經指出，遷移對於男性來說，更多地是一種實現養家糊
口責任的途徑，而年輕女性在此方面所擔當的責任則少了許多，也
正因為如此，她們能夠在遷移過程中相對「自由」地追求更多的個人
目標（Jacka, 2005）。這種性別化的差異，不僅僅為女性所接受，也得
到了農村男性的普遍認可和支持。石兵是 2003 年進入沙岩廠的，到
受訪時已經工作了六年。雖然他對日復一日的枯燥工作感到厭煩，
也渴望到廠外尋找「成功」的機會，但由於農村老家新近修建了四間
門面房，並且需要進一步裝修，所以並不敢貿然辭去相對穩定的工
作。然而，他對於自己女朋友工作的態度，則有著相當大的差別。
他們原是沙岩廠的同事，受訪期間，女朋友正在廠外待業。在他們
戀愛的幾年裏，女朋友曾不止一次往返於工廠與貴州老家之間。周
轉於回家與外出之間，頻繁地出廠和進廠，似乎並沒有任何不妥之
處。按石兵的話來説：

> 如果做得不開心的話，就不要做了。工作不是最重要的，差不
> 多就可以了。像她們一個女孩子，她如果說沒有什麼技術的
> 話，找個一千塊錢左右的是比較現實，不要太累，受氣就不要
> 幹，知道吧，現在都是這樣的。

（石兵，男，未婚，1984年出生）

　　石兵對女朋友工作的態度相對開放，這在很大程度上與其對於女性工作與收入的期待密切相關。女性收入雖然也是家庭收入的一部分，但更多地被視為一種錦上添花的補充，而非賴以維持生計的主要來源。石兵之所以對自己工作的安排相對謹慎，以至於雖有不盡如人意之處，卻仍會基於現實的考量而進行權衡和妥協，這與他作為家庭收入重要來源的責任密不可分。可見，儘管農村男性和女性都踏上了外出打工的道路，但受到性別化期待與責任的影響，他們的選擇承載著不同的意涵。

2.3 從農村到城市：身份的轉變

　　改革開放之前，城市二元結構存在著三重隔離，即就業隔離、居住隔離和政策隔離（關信平，2005）。在這種結構下，「農民」具有十分清晰的特徵——農業戶籍，生活在農村，從事農業生產。隨著城鄉隔離的逐步打破，越來越多的農民離開自己的家鄉和賴以生存的土地，作為外來打工者參與到城市的工業化和現代化進程之中，於是逐漸形成了中國特有的「農民工」群體。這一群體同樣具有清晰的特徵——農業戶籍，工作在城市，從事非農業生產。「農民工」的概念本身，包含著對行動主體身份的詮釋。2004年，中國官方話語明確了農民工是工人階級的重要組成部分，以對其階級身份進行定位。[4] 然而，作為一個新興階級，有關其階級意識、行動與動員等方面的討論莫衷一是。有學者持有較為謹慎的態度，認為農民工作

為一個「階級」本身尚未形成（Lee, 2007），其階級意識仍處於「萌芽的行會意識」（embryonic trade union consciousness）水平（Chan & Siu, 2012）。也有學者基於21世紀初所出現的發展形勢，特別是新生代農民工的形成，對他們向更為積極行動主體的轉變抱有樂觀的態度（Leung & So, 2012）。

農民工群體是全球化背景下中國工業化進程中獨特的產物。儘管他們具有農民的戶籍身份，卻不從事農業生產，且長年奔波於城鄉之間；儘管他們在城市工作，卻難以定居於城市，更不享受城市居民的福利待遇。這樣一個既不同於農民階級，也不同於城市工人階級的群體，被潘毅和盧暉臨稱為「準工人」或「半工人」（"quasi-" / "half-" worker），經歷著未完成的無產階級化（unfinished proletarianization）（Pun & Lu, 2010）。從「農民」到「農民工」不僅包括職業和居住空間的轉變，更意味著階級身份的轉變。離鄉背井的農民能否進入這一充滿挑戰的轉變過程，首先需要接受城市及其勞動力市場的檢驗。

2.3.1 農村男性的城市初體驗

最先走進城市的農村男性，體驗到的往往不是朝氣蓬勃的現代化氣息，而是城市邊緣未開發的荒涼，以及作為「拓荒者」的辛酸。王成於1993年首次離開家鄉，那時的他只有17歲。身穿的一套衣服和借來的80元，是他全部的家當。一年之內，他跑遍了北京、新疆、海南和廣州，最後來到沙岩廠所在的東莞。回憶當年，他這樣描述：「那九幾年的時候，這邊基本還是一片空白的，到處都是魚塘魚池，泥巴路多著了，天天穿個拖鞋到這個地方。」要在這種環境下生存下去，需要經歷難以想像的困難。和許多受訪者一樣，王成的經歷充滿艱辛。他說：「以前我出來的時候，真的是受了好多罪，連睡的地方都沒有，天天那個蚊子都被咬死了。……天天晚上連睡的

地方都沒有，睡橋墩子，睡橋底下，跟乞丐一樣的。」

在改革開放之初開始城鄉遷移的農村男性，他們的經歷具有時代、地域和性別特徵。1980年8月，深圳、珠海、汕頭和廈門被批准成為最早的經濟特區。[5] 1985年2月，珠江三角洲被批准成為沿海經濟開放區。[6] 珠江三角洲在改革開放初期，率先成為中國經濟發展的領頭羊。然而，工業化和現代化建設並非一蹴而就，今日的大都市是從昔日的小漁村逐漸發展而成的。曾走在城鄉流動最前沿的農村男性，便成為這一發展歷程中最初的參與者和見證者。在特定的時間和空間背景下，老一代男性農民工體驗到後來者（包括女性農民工和新生代農民工）未曾經歷過的艱辛。本著「男孩子嘛，怕什麼呢」[7] 的精神，男性農民工將辛酸埋藏於心中，堅強地克服重重困難。正如王成所說的：「我自己心裏的苦，在自己心裏面，我不說出來，別人哪知道，是不是？沒苦哪有甜啊，拼命地奔奔奔。」可見，早期遷移經歷之所以能夠體現性別特質，不僅因為那是特定情境下的男性體驗，更因為那些男性在特定情境下實踐著文化規範中關於「勇敢」、「堅強」和「敢於冒險」的男性氣質。

生活的艱辛並非農民工在城市中的全部遭遇，不受歡迎的外來者身份更給他們帶來了不公平的待遇。2000年，就讀於四川老家一所技校的徐軍，在學校的安排下與全班同學一起到廣東東莞某電子廠工作。不久之後，由於該工廠解散，他和另一名同學便在廠外租房子，重新找工作。當時正值城市有關部門對外來人口進行嚴查，沒有辦理暫住證又遺失了身份證的他被抓了起來。面對這種情況，求助無門的他只能聽天由命：

> 沒有解釋，那時候查暫住證查得很嚴的嘛，那暫住證沒有了，他也不給你說理由的，那時打電話，那時我就有一個同學在這邊，他也還沒有手機，也都沒辦法聯繫，所以在那邊關了，然後又放出來。

> （徐軍，男，已婚，1982年出生）

關了七天之後獲得釋放的徐軍並沒有埋怨這種不合理待遇，反而感嘆自己的好運。他這樣說道：「我算運氣好的吧，如果運氣不好的話，還要送到別的地方去，那時在這裏面關了沒人理，他又送到別的農場裏面去了，幹農活去了，農場嘛，免費給他幹活的那種。」作為外來者，徐軍默認了自己「二等公民」的身份，即使受到不合理的對待也只能無可奈何地接受。作為男性，他在面對困難時並沒有以消極的態度自怨自艾，而是選擇繼續堅強地面對打工生活，並不斷地克服和消化那些隨時可能出現的意外和困難。

儘管由農村到城市的流動已經獲得政策上的支持，[8] 但是城市對外來人口的控制和管理卻依然嚴格。1985年，公安部發佈了〈關於城鎮暫住人口管理的暫行規定〉，[9] 對流動人口實行「暫住證」和「寄住證」制度，嚴格控制外來人口在城鎮中逗留；又根據收容遣送制度，[10] 城市行政部門可以要求檢查該證件，發現沒有身份證、務工證及暫住證的外來人口（「三無人員」），可以收容及遣返回原居住地。暫住制度與收容遣返制度嚴格控制了外來勞動力在城市中的生存資格，並強化了城市居民與暫住人口之間的等級關係。城市所需要的只是外來人口的「勞動」，一旦他們的勞動力不再成為需要，他們在城市中的存在就失去了合法性（Pun, 2005: 46）。顯而易見，城市對於農村勞動力的剝削獲得了制度支持。面對這種不合理卻合法的剝削，他們只能默默承受，並通過日常實踐強化對城市「次等身份」的體驗與認知。

2.3.2 勞動力市場的競爭

皮奧里（Piore, 1970）曾提出二元勞動力市場分割理論，將勞動力市場劃分為初級市場和次級市場。前者具有工資高、就業穩定、工作環境良好、管理與晉升機制規範等特徵，而後者則截然相反。中國的勞動力市場也是多重分隔的，包括地區隔離、性別隔離，以及城市居民與農村流動人口之間的隔離（Xu, Tan & Wang, 2006）。作

為最早開放的沿海經濟特區，珠江三角洲具有獨特的地理優勢，並享受優越的經濟政策。這個在地區隔離中佔盡優勢的勞動力市場吸引了來自四面八方的流動人口，其中絕大部分來自於農村。農民工被吸納到龐大的次級勞動力市場之中，他們需要面對市場隔離所帶來的種種差異與不平等。一方面，城鄉二元結構在勞動力市場上的複製導致了城市勞動力與農村勞動力之間的不平等待遇。與城市居民相比，農村勞動力只能從事職位更低、工資更低和缺乏保障的工作（Meng & Zhang, 2001）。另一方面，父權秩序、性別分工以及對女性的刻板印象，又導致了女性在勞動力市場上的劣勢地位（Anker, 2001）。即使同為產業工人，男性農民工和女性農民工也集中在不同的性別化的位置之上（Fan, 2003）。

對於農村男性勞動力來說，儘管次級勞動力市場中行業與職業間的性別隔離將利益歸於他們，但農業戶籍身份依然限制著他們的議價能力。這種情境之下，他們只能憑藉自己的人力資本和關係網絡參與激烈的市場競爭。當然，這裏所討論的並不包括那些擁有高等學歷的農村男性，因為學業上的成就已經幫助他們擺脫了戶籍身份對其就業機會的限制。城市居民與農村流動人口的市場隔離並不會將他們置於次級勞動力市場，也不會縮小他們在初級勞動力市場上的選擇空間。

在次級勞動力市場上求職，對於男性勞動力最為重要的人力資本要素並非學歷，而是技術。職業的性別隔離通常將農村男性安排在強體力手工操作的位置上，而將女性安排在高強度流水線操作的位置上（Fan, 2003）。與女性去技能化的流水線工作相比，資本為農村男性安排的工作往往對技術和體力有更高的要求。其中，技術是需要經過專業訓練而習得的。然而，並非所有農村男性都有條件接受技術培訓，因此，技術是勞動力市場上的稀缺資源。無論市場供求關係如何變化，擁有技術的農村男性往往具有很強的競爭力。正如以下例子所說明的：

剛好人事部那個人在招工，我就問她，我說：小姐，這裏是招
什麼？她說：我這裏是招印工。然後我就跟她說我做過彩印
啊。然後她就把那些畢業證啊，然後那些身份證啊都給回他們
了，就把我領到那個香港的經理那裏去，不是這個（指現任香
港經理），是另外，現在已經不在這廠裏了，把我領到他那裏
去。然後我就跟他講了一下，這個膠印怎麼製版需要哪些耗
材，他一聽就對。因為雖然他沒做過，但是以前我們這個廠的
廠長他本身，他有個彩印廠吧，也用到膠印嘛，所以我一說出
來那些需要的耗材呢，跟他那個呢就OK了，完全對得上了，
所以開始把我要下來了。

（于貴，男，再婚，1978年出生）

與技術相比，學歷、年齡、身高甚至外貌等人力資本要素則成
為具有彈性的考量指標。勞動力市場的招聘標準會隨著供求關係的
變化而變化，於是這些相對次要的指標就成為資本對招聘條件進行
調控的工具。當勞動力充足時，他們提高招聘標準以控制數量；當
勞動力緊缺時，他們又將標準降低以保證供給。沙岩廠所在地區的
勞動力供給，也經歷著充足與緊缺之間的變化。馬俊曾回憶：「以前
招工的時候，哪像現在啊，這邊廠一招工的時候我跟你說拿那個鋼
管打都打不出去，人多得很，把門都圍得水洩不通。現在你看招工
都找半天都找不到人，以前人很多的，進廠都進不了。」在勞動力供
給由充足到緊缺的變化中，沙岩廠的招聘標準也相應地由高變低。
在1999年，馬俊因不能滿足高標準的招聘要求而未能進入沙岩廠；
到了2002年，彈性標準的下降使得他有機會進入該廠工作。

我99年其實已經來過一次這裏了，就因為沒找到事，這裏那
時候，比方說進那個沙岩廠是吧，那時候進很多人，男孩子必
須要求個兒高，多少多少，長的還要帥，學歷在高中學歷，他
就是要求高得很，以我那我根本就進不來。

（馬俊，男，已婚，1980年出生）

除人力資本外，關係網絡在農村勞動力求職過程中也發揮著十分重要的作用。調查結果有力地支持了邊燕杰等學者所提出的「強關係假設」，即人際關係越強，獲得就業機會的可能性就越大；反之，則越小 (邊燕杰、張文宏，2001)。在求職過程中，人際關係不僅可以給符合條件的應聘者帶來就業機會，甚至可以衝破彈性要素的限制，為不符合條件的應聘者爭取到參與競爭的機會。蔡興出生於1969年，2002年應聘沙岩廠時已經33歲了。按正常標準，他的年齡已經超過了招聘要求，但經過人際疏通後獲得了應聘資格，最終也憑藉豐富的打工經驗獲得了工作機會。

> 我那時候我進廠都三十一二歲了，那個有一個老鄉在這邊，在這個廠裏面，還有那個老鄉就他們那個裝配部的那些維修嘛，計算機的維修，跟那個維修認識，認識保安。那時候也是江蘇的，他看到我的身份證，年齡太大了，不要。他說不要是一回事嘛，你讓人家進去面試一下嘛，面試，面試上了，面試不上就不關你的事了，他就算了。
>
> （蔡興，男，再婚，1969年出生）

通過以上討論可以發現，農村男性自進入城市之初就開始了對其次等身份的體驗，並在勞動力市場的競爭中逐漸強化。在多重隔離的勞動力市場上，技術和人際關係成為男性農民工最具競爭力的資本。憑藉自身實力，在城市工廠中為自己爭取到一席之地的農村男性，正式地成為了農民工，並由此獲得了身份的轉變。背負性別化期待的他們，在工廠體系之中被置於底層位置，繼續體驗著城市之中的不平等待遇。

2.4 工廠等級結構與體驗

隨著經濟發展和生產過程的繁複化，現代社會中的生產關係也日趨複雜。再不是所有不具備生產資料的勞動力都處於單向被剝削

的地位，也不是所有被剝削的勞動力都處於毫無議價能力的狀態。
於是，階級分析突破以往單純依據生產資料所有制進行階級劃分的
傳統，逐漸將其他變量納入到對階級結構的分析之中。懷特（Wright,
1997: 19）發現，權力和技術是導致生產資料非所有者內部分層的重
要因素，並依據此標準對其階級位置進行了細緻地劃分。如圖2.1所
示，權力維度中，經理和主管同屬於管理階層，但前者擁有組織決
策權，而後者沒有；技術維度中，專家與技術工人都擁有技術，但
前者具備高等學歷，而後者只接受過相對低水平的專業訓練（Wright,
1997: 24）。可見，資本通過與權力和技術的結合，在企業內部構建
出嚴密的等級結構，並通過有效的管理與控制實現對工人的剝削。
當農民工被納入到工廠體系之後，儘管身份認同仍然模糊（Pun,
2005），但他們在階級屬性上最接近工人。在工作場所裏，他們被安
排在等級結構中工人的位置之上，親身體驗著資本對於他們的操控
和剝削。

圖2.1：細化的階級類別

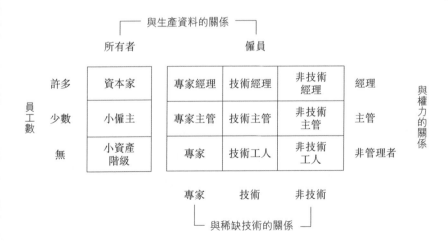

資料來源：Wright (1997), Figure 1.3 Elaborated Class Typology, p. 25

2.4.1 工作場所的等級結構

　　遵循現代企業管理機制，沙岩廠五金部的等級結構是資本與權力、技術相結合的產物。2007年第一次田野調查發現，五金部內設六個等級，分別是經理、副經理、主管、主任、組長和員工。其中，從經理到組長的五個等級都具有管理職能，而單向被管理的階層只有員工。依據是否直接參與生產管理，又可將管理階層劃分為不直接參與生產管理的高級管理階層，由經理、副經理和主管組成，以及直接參與生產管理的中級管理階層，包括主任和組長。如圖2.2所示，五金部的等級結構是由三個階層和六個等級構成的。2009年第二次田野調查時發現，2008年世界金融危機之後，五金部高級管理階層的結構出現了變動。高級管理階層的三個層級縮減為兩個，即經理和主管。除此之外，其他層級依然保持原有結構。

　　2007年，五金部高級管理階層共4人，全部由男性組成。其中，經理是部門中唯一的香港人，由香港公司指派負責該部門的管理，在權力等級中佔據最高位置。其餘管理者均來自於中國大陸，但背景略有不同。副經理和質檢主管都具有高等教育學歷，分別對生產和質檢進行統籌；絲印主管是從該廠絲印部調任到五金部，對絲印生產進行統籌。2008年之後，除香港經理之外，其他高級管理人員的位置均發生了變化。原副經理和絲印主管被裁退，原質檢主管被提升為部門主管，統籌整個部門的生產活動。

　　中級管理階層共30人左右，全部來自中國大陸。主任位置上的管理者，除包裝主任之外，均為男性。男性主任大都是在工作中學習和累積專業技術的，並沿著「普工－技工－組長－主任」的路徑得以提升，也有少數男性主任（如工模主任）是憑藉專業技術資格進入五金部的。唯一的女性主任（包裝主任）自五金部的前身（即砂石五金廠）成立之初就在此工作，至調查期間已有十餘年的工作經歷，是該部門職位最高、且工作年限最長的女性。她從QC做起，累積了多年

圖 2.2：2007 年沙岩嵒五金部的等級結構

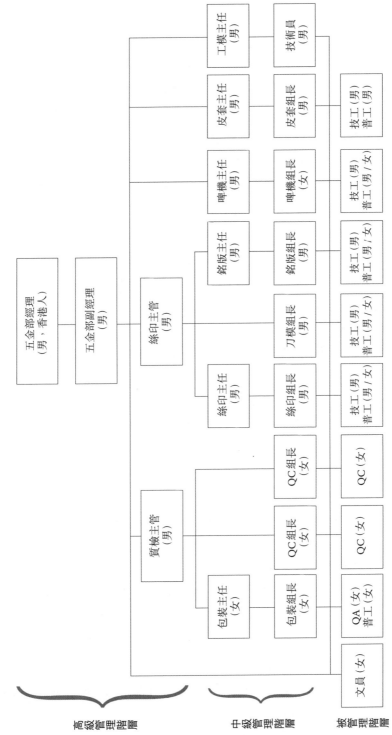

高級管理階層

五金部經理
（男，香港人）

五金部副經理
（男）

絲印主管
（男）

質檢主管
（男）

中級管理階層

包裝主任
（女）

QC組長
（女）

QC組長
（女）

絲印主任
（男）

刀模組長
（男）

銘版主任
（男）

銘版組長
（男）

啤機主任
（男）

啤機組長
（女）

皮套主任
（男）

皮套組長
（男）

工模主任
（男）

技術員
（男）

絲印主任
（男）

絲印組長
（男）

被管理階層

文員（女）

包裝組長
（女）

QA（女）
普工（女）

QC（女）

QC（女）

技工（男）
普工（男／女）

技工（男）
普工（男／女）

技工（男）
普工（男／女）

技工（男）
普工（男／女）

技工（男）
普工（男）

的工作經驗，逐漸被提升為組長，再到主任。主任等級之下，是五金部權力等級最低層的組長。他們都是以普工身份進入該部門的，而後逐漸晉升為組長，並不存在明顯的性別差異。從圖2.2還可以看出，工模組的技術員全部由男性組成，他們都是憑藉專業技術資格進入五金部的。根據懷特的觀點（Wright, 1997: 22），技術和專長能使其所有者在剝削關係中，潛在地處於特權位置。儘管技術員不具備管理職能，但他們仍屬於特權階層，故而將他們列入中級管理階層。

被管理階層由約300位來自中國大陸不同地區的農民工組成，他們在工廠等級結構中處於最低層。儘管如此，其內部也充斥著職位上的性別差異。包裝組和質量控制組負責品檢和包裝，全部由女性組成。該組共設三個職位，分別是質量控制員（QC）、質量保證員（QA）和普工。其中，普工從事品檢和包裝工作，QA負責監督和檢查該組普工的工作，而QC則會被派往其他不同生產組，在其生產過程中進行質量抽查。除包裝組外，其他各組分別負責不同類別的產品生產，員工分為普工和技工兩個級別。顧名思義，技工是擁有技術的員工，而他們的技術大多是在生產過程中學習和積累起來的。儘管各生產組中既有男性又有女性，但是五金部的技工全部是由男性組成的，而不同生產組對男性和女性職位的設計也不盡相同。男性被安排在技術崗位，而女性往往被安排在非技術崗位。比如在絲印組，男性從事機器印刷或者手動印刷，而女性則負責輔助男性擺放和檢查印刷產品。此外，經理辦公室和部分生產組亦設有文員職位，全部由女性擔任。儘管她們不參與生產，但由於不具備管理職能，因此將其列入被管理階層。

與傳統意義上的工人階級不同，農民工所受到的剝削並不僅僅源於生產資料的缺失。戶籍制度剝奪了農村居民與城市居民同等的公民權利，於是他們成為城市勞動力市場上最廉價的勞動力。資本充分地利用制度的不合理之處，將農民工安置在等級結構中最底層的位置，合法地剝奪他們享受公平待遇的權利，從而實現對他們更大程度的剝

削。儘管少數底層員工有機會被提升到中層管理的位置，但卻難以改變其階級屬性，因為管理階層的階級特徵常常與其在權力等級中所佔據的位置密切相關（Wright, 1997: 20）。經理等高級管理人員在資本利益分配中所佔的分量最大，因而更加接近於資產階級特徵。農民工出身的中級管理者所擁有的權力受到很大限制，並且不具備提升至高級管理的資格，因而更加接近於工人階級特徵。可見，從階級特徵的角度看，農民工與高級管理階層之間存在著不可踰越的鴻溝。

　　在工作場所之中，另一條難以跨越的界限存在於男女兩性之間。資本依據性別類別在農民工群體內部製造差異，並將利益歸於男性，從而進一步實現對女性農民工最大程度的剝削。一方面，管理工作是男性領域，女性往往難以涉足。農民工在權力等級中所能達到的最高位置是主任，男性佔據了此級別六個位置中的五個。唯一的女性主任所負責的工作類別，也是職業隔離中較為典型的女性領域——產品包裝。在她的權力範圍內，95% 的被管理者是女性。[11]
在組長層面，儘管女性組長在數量上與男性組長相當，但值得注意的是，她們所負責的工作領域也大都是女性專屬的包裝和質檢。可見，女性管理者被隔離在女性工作領域之中，難以在男性涉足的領域中獲得管理的機會。另一方面，技術工作亦被保留給男性，女性往往難以獲得技術培訓的機會，更無法獲得技術工人所擁有的特權。女性的工作領域大都是低技術含量的。即使與男性處於相同領域，她們也會被安排在非技術職位之上，如絲印組的女工只能負責拿版而不能參與印刷。這種職位安排的結果是：技術員和技工全部由男性組成，女性無法在工作過程中提升人力資本。

　　資本與權力的結合在工廠之內製造出「金字塔」形的等級結構，與技術的結合又製造出技術崗位與非技術崗位之間的差異。鑒於技術人員也擁有潛在的特權，因而他們在等級結構中也處於相對優勢的位置。在這個等級分明的權力框架之中，呈現出「香港身份 / 高等學歷持有者－男性農民工－女性農民工」的梯級結構。

2.4.2 男性農民工的工廠體驗

　　無論在踏上打工之路時懷揣著怎樣的想像，納入工廠體系之後的農民工將很快被現實喚醒。福柯（Foucault, 1995）曾提醒我們，現代性引入了一種新的規訓機制，標誌著一種更徹底的統治。正如大多數現代工廠一樣，沙岩廠巧妙地運用福柯所謂的「微觀權力」，通過各種技巧和策略深入日常實踐，使工人身體的不同部分受到支配，從而產生權力所預期的效用。男性農民工的工廠體驗，正是其身體在資本「微觀權力」的控制下轉變為標準化勞動力的過程。

　　工廠之中的勞動力：工廠制度是機械的、缺乏情感的、一成不變的。每天穿著統一的制服，在工作時間出現在自己的工作崗位上，是去個性化管理對於每個員工最基本的要求。胡慶是五金部絲印組的一名技工。由於絲印工作對於生產環境的溫度和衛生條件都有特殊的要求，所以它並不與該部門其他生產組共處於同一開放的生產空間，而是獨處於車間盡頭一個相對獨立的房間，常年保持著較低的溫度和油墨刺鼻的氣味。作為標準化的勞動力，胡慶與所有技工和普工一樣，每天早上八點便要開始一天長達11個小時的工作。加上午餐、晚餐共計兩個半小時的休息時間，工作要持續到晚上九點半才能結束。他的工衣是藍色的，進入工作間之前要換上棕色拖鞋，同時必須配戴標註個人基本信息的廠牌。我曾經給絲印組員工拍過兩張合影，一張在離開田野之前拍攝於絲印組車間，一張在再次回訪田野時拍攝於工廠附近的公園。兩張合影擺放在一起，差異立現。工作場所之中的他們整齊劃一，缺乏個性與生氣，就連面部表情都顯得僵硬。

　　日復一日地重複千篇一律的工作，難免枯燥與乏味。1998年進廠的張林是絲印組的一位「老員工」，也是組內唯一的調油技工。他每天和大大小小、不同顏色的油墨罐打交道，除了根據產品要求調製油墨之外，還需要負責監督所有絲印生產的油墨使用。他的工作

空間和自由度是絲印組員工中最為寬鬆的，總能看到他行走於不同的工位、產品和油墨材料之間，與不同的員工打交道。即便如此，近十年的工作經歷也讓他感到「麻木」。

> 沒什麼感情，對我來說，天天就是説上班下班嘛，就是這麼有點麻木了生活。
>
> （張林，男，已婚，1981年出生）

對於他們來説，工作不僅是單純的勞動過程，更是身體忍受煎熬的過程。這種煎熬並不一定來源於工作的辛苦，更多的是來源於工作對身體的規訓。正如王成所體驗的：

> 你説廠裏面來的錢，有時候廠裏累，有時候不累，這段時間你是要等的，一分一秒都要等的，等的也是錢啊，是不是？你要上班，有時候住在廠裏，不離開廠裏，那時間也要度過去吧，慢慢熬過去啊。
>
> （王成，男，已婚，1976年出生）

員工的身體不再是自由的身體，而是受到規訓的身體。通過勞動力市場上的交易，資本獲得了對他們進行支配的權力，從而可以在工作的時間和空間內規範他們的所有行動。於是，生產過程中的員工不再是活生生的個體，而轉變為資本所需要的去個性化的勞動力。

儘管現代工廠往往並不承擔滿足員工生活需求的功能，特別是在20世紀90年代之後中國傳統的單位制逐漸消解，但一部分以農民工為主體的工廠巧妙地將「宿舍勞動體制」（任焰、潘毅，2006；Pun & Chan, 2013）與工業生產體制結合在一起，從而實現對他們的勞動力及其再生產進行有效的控制。沙岩廠便是其中之一。前廠房、後宿舍的設計，將生產和生活圍繞在一廠之內。與生產空間一樣，生活空間裏同樣充斥著嚴格的規則與限制，巨細靡遺地規範著員工的衣食住行。員工食堂每天定時定量供應三餐，八人一間的宿舍提供基本

的起居空間。宿舍提供免費的非飲用水，包括全天供應的自來水和定時供應的洗浴熱水。可以飲用的熱水，則以每壺0.2元的標準進行收費。為了控制用電，宿舍並沒有安裝電源插座，房間唯一的電器是電燈。每晚11點的熄燈制度，又在很大程度上限定了起居時間。2007年，身為技工的胡慶可以免費享受以上食宿待遇。到了2008年10月，受金融危機影響，工廠開始削減員工的福利待遇，技工每月被強制性扣除100元食宿費，即使這些安排並不是他們所需要的。

　　沙岩廠所提供的生活空間和條件，難以讓員工的勞動力再生產在令人滿意的情況下開展。受訪者常常抱怨那些難以下咽的飯菜、狹小的住宿空間、嚴苛的水電供應以及匱乏的生活設施。儘管他們仍然擁有在廠外對生活進行安排的自由，但緊張的工作安排和強制的食宿消費迫使大多數農民工接受工廠對他們生活的安排與支配，特別是處於單身狀態的農民工。由於工廠並沒有考慮到已婚農民工的生活需求，那些夫妻雙方均在工廠或附近工作的農民工往往會對居住空間另作安排。為了與同廠的妻子擁有私人的相處空間，胡慶夫妻在廠外租了一個房子。處於相同狀態的徐軍解釋道：

> 廠裏面什麼都不方便吧。一個宿舍八個人，有時候像空間，晾衣服都沒辦法晾啊，人太多了，洗的衣服太多都沒辦法乾，都要臭了那種。還是外面方便，外面有電視看，還可以煮飯吃。
>
> （徐軍，男，已婚，1982年出生）

　　可見，沙岩廠為農民工提供的生活安排並不是出於人性化服務的考量。對於資本來說，更重要的是對生產過程之外的農民工的身體進行有效控制，從而為生產服務。農民工在日常起居安排上的自主權被大大削弱，工廠成為重要而又強勢的安排者和供給者，主導了勞動力再生產過程中的主要活動。在這種「勞動－生活」一體化的生產機制中，產品的生產空間與勞動力的再生產空間合二為一，打造出工廠控制與勞動抗爭的戰場(任焰、潘毅，2006；Pun & Chan, 2013)。

體驗「差異政治」：所謂差異政治（politics of difference），強調的是異質性與不一致，它在依據不同標準而劃分的各種類別之間，建立起充滿暴力的等級關係（Pun, 2005: 109–110）。這種「差異政治」充斥於工廠的每一個角落。在產品生產與勞動力再生產的過程中，工廠的等級結構不再是抽象的概念，而在員工的日常工作和生活中得以具體化的呈現和生產。底層農民工在體驗階級身份帶來壓迫和剝削的同時，也通過體驗差異而加強對自我身份的認同。

　　沙岩廠的等級差異體現在生產和生活的方方面面，最直接的就是員工所穿的工衣。在工作時間裏，除高級管理人員之外，所有員工都需要穿著工衣，而工衣的顏色又代表了員工的等級和職位。其中，約80%的員工身著藍色工衣，這代表了他們普工或技工的身份。除此之外，黃色是QC和QA的顏色，綠色是組長和文員的顏色，而白色則是主任的顏色。在用餐時間可以發現，所有身穿工衣的員工都湧向員工食堂就餐，而身著便裝的高管則信步走向工廠的招待餐廳。員工食堂共有三層，其中一樓供普工用餐，二樓供技工用餐，三樓供組長和主任用餐。招待餐廳雖然只有一層，但經理的用餐區域也與主管和副經理分隔開來。員工食堂供應大鍋飯，樓層越高，伙食越好。招待餐廳供應套餐，經理的伙食無論從菜色還是餐具，都最為講究。此外，工廠也根據員工等級為他們準備不同條件的居住空間。沙岩廠內共有三幢員工宿舍（A棟、B棟和C棟）和一幢管理者宿舍（D棟）。員工宿舍是八人一間的集體宿舍，設有公共衛生間和公共浴室。其中，A棟供組長和文員住宿，B棟和C棟供普工和技工住宿。A棟與B棟、C棟之間最大的區別在於，前者裝有電源插座而後者沒有。所以，組長和文員是可以在宿舍內使用小型電器的，如手機充電器或電視機。D棟是擁有獨立衛生間和廚房的單元式住房，以家庭為單位分給主任、主管、工程師和非香港身份的經理使用。工廠有兩名來自香港的高管（廠長和五金部經理），都在招待所內住宿。可見，員工在等級結構中的位置不僅決定了他們在

生產過程中的角色，也決定了他們在再生產領域中所能享受到的待遇。不同的工衣、飲食和住宿條件在員工之間劃出明顯的界限，並將等級差異彰顯於各個角落。赤裸裸的「差異政治」充斥於農民工身份建構的過程之中（Pun, 2005: 109），他們在日常實踐中也體驗和逐漸強化著對自我底層身份的認同。

　　相比之下，雖不可見卻更為核心的差異體現在工資之上。它作為勞動力價值最集中的體現，與員工在等級結構中的位置相互對應。在沙岩廠五金部，男性農民工往往被安排在底層技術崗位。以工作近十年的張林為例，他在進廠一年之後就被提升為技工，其工資與福利待遇也因此有所提升。在初進廠的前三個月，張林試用期的底薪是280元/月，轉正之後漲到310元/月，加上加班費，每個月有500–600元的收入。雖然在1999年便成為技工，但直到2003年，他的底薪也只有450元，月收入不足1,000元。2007年，張林的月收入提高到1,600–1,700元。從1998年到2007年，張林的收入僅僅提高了1,000元左右，而其中絕大部分的增長是由於沙岩廠工資標準的整體提升所帶來的。同是2007年，該廠普工的底薪為690元/月，加班費為4.5元/小時，按照每月26個工作天計算，一名新進廠的普工每月至少有1,041元的收入。也就是說，作為在沙岩廠工作十年的老技工，張林的月收入只比剛剛進廠的普工高出500餘元。對於這種狀況，張林在受訪時表達出強烈的不滿：

> 有的廠做得久一點的，老員工他看得重一點嘛，所以他漲工資就漲得快一點。這個廠漲得慢一點，也算漲得慢的了。……老員工比那新的要好一點點了，就吃不扣嘛，不扣錢嘛，獎金多一點嘛，別的沒什麼好處，底薪多一點是自己熬出來的是不是。
>
> （張林，男，已婚，1981年出生）

　　儘管男性農民工在等級結構中處於與女性相對的優勢位置，但這種優勢在工資體系中的體現卻不夠明顯。從之前的討論可以看出，

資本製造差異的策略之一是增大階層之間的差異，而縮小階層內部的差異。以男性為代表的技工和以女性為代表的普工同屬於被管理階層，他們在衣食住行各個方面的待遇並無明顯差異。體現在工資體系上，兩性間的收入差異也被控制在相對狹小的範圍之內。這種情況下，男性農民工作為家庭主要的經濟來源，往往難以為家庭生活提供足夠的經濟保障。當男性需要肩負起養家糊口的責任，他們的收入不僅要用於個人消費，而是要負擔整個家庭的生活開支。正如石兵生動的說明：「（結婚）以前是比方說一個饅頭一個人吃，以後如果有小孩了，有一個小孩就是三個人吃，如果你工資還是一千塊錢，這個時候，你說要養三個人了，就不是你一個了。你就不能只顧自己了，要顧家。」張林的妻子曾在沙岩廠工作，2005年懷孕後辭工待產，之後由於照顧孩子的需要也一直沒有工作，張林的工資便成為這一家三口唯一的經濟來源。有限的收入除了應付日常生活的基本開支以外，根本無力負擔諸如醫療費用的額外開銷。

> 孩子不生病呢，就還過得去。要孩子生病的話，有時候不夠了，還要借點錢，像我上個月，那小孩子，兩個小孩子生病，又花錢，給他們打針啊，還有我老婆感冒呀，也打下針啊，上個月借了七八百塊錢用。

> （張林，男，已婚，1981年出生）

入不敷出的拮据生活，是對男性家庭責任無聲卻赤裸的評價，從而給他們帶來巨大的生活壓力。當資本將製造「差異政治」的重點放在階層之上，男性農民工非但難以憑藉優於女性農民工的等級位置獲得明顯的經濟回饋，而且不得不忍受資本對於底層工人充滿暴力的剝削。

隨著被納入到城市和工廠體系之中，男性農民工的性別身份受到了挑戰，並發生了改變。遷移過程所表現出來的男性氣質，是變化中的男性身份、固有的戶籍身份以及不穩定的階級身份三者之間交

互作用的產物。中國的戶籍制度決定了個體全部的生活機會，包括社會等級、工資與福利等等 (Solinger, 1991: 8)。在工廠體系之中，資本亦通過賦予管理階層特權以實現了對工人的統治與剝削，底層勞工不得不忍受著來自階級的壓迫。在性別、戶籍與階級的互動中，男性農民工處於男性等級體系中的最底層，並逐漸發展出從屬型和邊緣化的男性氣質。在這種情況下，他們通過尋求等級結構中的向上流動以重新構建自我的男性氣質，並努力改變被壓迫和剝削的處境。

註 釋

1　引自張林 (男，已婚，1981 年出生) 的訪談，原句為：「一般男人有幾宗大事嘛是吧，結婚了是吧，現在小孩有了高興就在這一點了。」

2　參見：http://business.sohu.com/2004/03/03/30/article219273037.shtml。

3　數據來源於：中國國家統計局 2001–2010 年所發佈的各年國民經濟和社會發展統計公報 (http://www.stats.gov.cn/tjgb/ndtjgb/qgndtjgb/index.htm)，比例是通過計算所得。

4　2004 年發佈的〈中共中央國務院關於促進農民增加收入若干政策的意見〉首次明確指出：「進城就業的農民工已經成為產業工人的重要組成部分」，參見：http://news.xinhuanet.com/zhengfu/2004-02/09/content_1304169.htm。

5　1980 年 8 月，全國人大五屆常委會第十五次會議作出決定，批准國務院提出在廣東省的深圳市、珠海市、汕頭市和福建省的廈門市設置經濟特區，並批准了《廣東省經濟特區條例》。參見：http://big5.xinhuanet.com/gate/big5/news.xinhuanet.com/politics/2008-05/09/content_8136422.htm。

6　1985 年 2 月 18 日，中共中央、國務院批准《長江、珠江三角洲和閩南廈漳泉三角地區座談會紀要》，決定在長江三角洲、珠江三角洲和廈漳泉三角地區開闢沿海經濟開放區。參見：同上註。

7　受訪者趙鵬 (男，已婚，1974 年出生) 曾說到：「男孩子嘛，怕什麼呢。我還跟別人打，跟那些做建築的做了半個月工，他還給錢給我呢。」

8　1984 年，中共中央發佈的〈關於 1984 年農村工作的通知〉明確表示：「允許務工、經商、辦服務業的農民自理口糧到集鎮落戶。」參見：http://cpc.people.com.cn/GB/64162/135439/8134254.html。

9　參見：http://www.law-lib.com/law/law_view.asp?id=3262。

10　2003年3月「孫志剛案」震驚全國，許多媒體對此事件及多宗同類事件進行了詳細報道。由此，在社會上掀起了對收容遣送制度的大討論，引發了對它的反思與抨擊，並發展為違憲審查機制的討論。2003年6月，該制度被廢止。

11　包裝組專屬於女性農民工，共有員工約40人，負責成品檢驗和包裝，是五金部產品所經過的最後工序。為了配合產品運輸，包裝組配有兩名男性搬運工，他們的工作性質與包裝並不相同，故未將其列入等級結構圖中包裝組組別。但由於他們受包裝主任的權力支配，因此文中指明，在包裝主任的權力範圍內，95%的員工為女性。

第三章

渴望與嘗試
農民工男性氣質的重構

　　對結構的過分關注往往會使我們忽略一個事實，即個體是積極的行動主體，而非被動的受害者（Bourgois, 2003: 17）。無論結構如何複雜、強大和僵化，個體相對於結構來說，都是客體和主體的統一。一方面，他們生活在具體的情境之中，不同的社會制度相互交織共同勾勒出特定的機會結構，規範和束縛著他們選擇與行動的空間。另一方面，他們能夠通過日常實踐，對所處的特定情境作出回應，並在行動的過程中重新塑造社會結構（Connell, 2005: 65）。正是通過與結構的互動，行動者改變自身處境的過程與改變社會結構的過程得到了統一，並且在這一過程中實現對自我身份的認同。

　　任何社會結構都不是靜止的，性別結構亦是動態變化的。男性氣質由依據性別關係結構進行組織的實踐所構成，而非寄於身體或性格特徵之中一成不變的實體（Connell & Messerschmidt, 2005）。因此，它既不單一又不固定。男性農民工從屬型和邊緣化的男性氣質，是在性別機構與城鄉二元結構、階級結構的互動中生產和再生產出來的。作為積極的行動主體，他們並不是無條件地接受社會結構中的不平等，而是在工作與生活中通過不斷的實踐，努力地改變著現實生活中的困境。也正因為如此，他們的男性氣質並不僅僅充

斥著壓迫與剝削，同時也煥發出積極主動的渴望與嘗試。這些努力，成為勾勒男性農民工遷移圖景的重要線索，要求我們從行動主體的角度出發，去審視男性與遷移之間的關係。他們通過哪些行動來改變現實的處境？他們的不同努力會得到怎樣的回應？這些行動與反應，給他們的遷移選擇帶來怎樣的影響？他們又如何利用現實中的資源重新協商，和實現對自我身份的認同？

3.1　向上流動的努力

霸權式男性氣質被認為是男性對女性的統治得以維持和延續的實踐模式，雖然它未必對應於現實生活中某個活生生的個體，卻表現為各種各樣的理想型、幻想及渴望（Connell & Messerschmidt, 2005）。當這種男性氣質被置於特定的社會環境中，便得以具體化和形象化。在工廠體系之中，男性管理者佔據等級結構中的特權位置，並享受由此所帶來的各種利益。金錢、權力和地位緊密地捆綁在一起，與職場上的成就直接相關，編織著男性農民工的夢想與渴望。這些夢想與渴望，儘管在城市和農村不同物質環境下的具體體現有所差別，但在本質上都符合傳統性別規範對於男性的期待，是對男性成就進行評價的依據。於是，在工廠等級結構中實現位置的提升便成為底層男性農民工競相追逐的渴求，它不僅能滿足他們對經濟收益的現實需求，也能滿足他們對於權力和地位的嚮往。

3.1.1　性別化的晉升態度

胡慶曾經提到，每年春節，當他背著行李沿著那條連接村裏村外的小路往家走時，站在路邊或者自家門外的老人便會熱情地招呼：「回來了，今年賺了不少錢吧。」春節過後，當他又沿著那條小路踏上外出打工的旅程時，還是那些老人依舊熱情地招呼：「打工去

了，多賺點錢啊。」這些樸實的問候，透露出人們對於打工最真實的期待。打工就是為了賺錢，無論在農村留守者還是外出打工者中都已經達成共識。張林是家庭唯一的收入來源，他坦誠地表示：

> 我的願望啊，我的願望只有一個，只要能盡自己努力能多賺點
> 錢呢，就是這個最大的願望，現在錢是，你什麼東西都需要錢
> 啊，你不管在家裏，還是在外面，你都需要錢啊。
>
> （張林，男，已婚，1981年出生）

而工資體系與工廠等級結構直接掛鈎，是「差異政治」中最明顯和關鍵的機制（Pun, 2005: 124）。底層農民工若想實現工資收入的提升，需要通過晉升機制提升自我在工廠之中的等級位置。

對待晉升的態度上，男性農民工和女性農民工之間存在著明顯的性別差異。男性對於晉升往往持有積極的態度，這與他們外出打工時所懷揣的改變生活處境、實現自我價值的渴望相一致。這些渴望，並沒有隨著工廠等級結構帶給他們的壓迫而消失殆盡。在底層位置和收入難以支撐男性農民工履行家庭責任、更無法幫助他們實現男性成就的情況下，迫切的經濟壓力與強烈的成就動機交織在一起，激勵著他們努力爭取晉升的機會。相比之下，女性農民工對於晉升的態度則要消極很多。一方面，傳統文化中的性別期待並不以經濟成就作為對女性進行評價的主要依據。農村女性在家庭之中所承擔經濟責任相對較小，一份穩定的工作和收入往往可以使女性農民工得到滿足。另一方面，女性農民工對於職業成就的追求往往也得不到男性配偶的支持。受傳統性別規範影響，農村男性更加支持妻子在家庭與工作的天平上偏重於前者。（關於女性晉升更加詳細的討論，將在第四章展開。）

儘管打工都是為了賺錢，但男性農民工將更加豐富的性別化意涵賦予其中，包括角色與責任、權力與聲望、成就與認可等等。對於晉升來說，也是同樣。對於經濟收益的渴望，並非男性農民工積

極追求晉升的唯一理由。他們期待通過晉升進入管理階層，改變底
層身份、獲得權力並對抗壓迫，甚至藉此改變工作和人生的發展方
向。這些期待，豐富了晉升對於男性農民工的意義，也驅使他們更
加努力地追逐心中的渴望。2000年。馬俊在浙江溫州某私營工廠擔
任倉庫管理員，由於工作能力得到老闆的肯定，他在不久之後就被
委以兼職管理的工作。儘管工作更加繁忙，責任更加重大，但他十
分珍惜這來之不易的機會，更加辛勤地工作。正如下文中所說的：

> 後來好像就是說讓我兼上面管理，看他們這樣那樣的問題啊，
> 最後就等於兼管理了。我晚上最後一個走，應該說下班了，還
> 要清理好多事情，每月啊，那個月檢啊，那些那都是交給我，
> 然後就是說工資啊給我提到一千幾，一千多，一千多那時候對
> 於我感覺不少了。我那時候反正感激，我感覺到要拼命做啊，
> 更得勤奮，我就使勁在那裏面做。

> （馬俊，男，已婚，1980年出生）

遺憾的是，由於種種原因，馬俊最終沒有把握住那次機會，之
後也離開了那個工廠。在沙岩廠工作的過程中，他也曾不止一次地
爭取晉升。回憶當時，他不無感慨地說：「如果我那時候走在那個
階層的話，你那人慢慢地就跟著變另外一個人，如果說你每天在接
近管理方面啊，你每天就會變成那一種人。」獲得提升、從事管理，
被馬俊看作是改變人生命運的途徑，也是他長久以來一直追求的方
向。這些努力，既體現出男性農民工對於家庭責任的擔當，也蘊含
著他們對於等級壓迫的抗爭。正是在擔當與抗爭的實踐中，男性農
民工重塑著他們的男性氣質。

3.1.2 晉升空間與機制

男性農民工大都以普工或技工身份進入沙岩廠，這不僅成為了
他們在工廠等級結構中的起點，更限制了他們在工廠體系中向上流

動的軌跡與空間。在五金部的等級體系中，儘管男性壟斷了絕大多數的管理位置，但存在於中級管理階層與高級管理階層之間難以踰越的界限，仍然將男性農民工排除在高級管理階層之外。對於男性農民工來說，那些為擁有香港身份或高等學歷的男性所佔據的位置，是可望而不可及的。絲印主任于貴便是其中的一個例子：

> 我從那次就說97年出廠，98年倒回來，就是一個技工了……然後，然後我就是在98年技工，然後就在2000年就升為一個組長，到2002年的時候那個科間主任走了，然後就，現在總經理要我來坐這個位置。
>
> （于貴，男，再婚，1978年出生）

于貴的晉升不可謂不順利。從1998年到2002年，每兩年晉升一級，最後成為絲印主任。然而，直到2009年，在主任位置上已經工作七年的他，再也沒有得到任何晉升的機會。面對這種狀況，他也感嘆道：「基本上是，我看得出這裏是沒什麼發展了，基本上是定了。」可見，城鄉隔離的等級結構為農民工的職業發展設置了「玻璃天花板」，從而限制了他們的晉升空間。

即使在晉升空間之內，男性農民工所獲得的晉升機會也是有限的。以馬俊和張林為例，他們兩人都是技工，分別在銘版組和絲印組內負責調油。與其他技工所掌握的印刷技術相比，調油所需的技術含量更高，只有熟練掌握印刷技術的員工才有機會學習這門技術。整個五金部內，也只有馬俊和張林兩人懂得調油。根據張林的瞭解：「在別的廠的話，要找我同樣的事情的話，就比這個要好一點，待遇要比較好，因為在別的廠也算技術員的那種嘛。」馬俊所在部門的主任也曾向他承諾：「到時候有機會給你搞個技術員什麼的。」但時至今日，在技工位置上停留10年的張林和停留6年的馬俊，仍然在原地踏步。與他們情況相似的不在少數，諸如2001年進廠的徐軍，2002年升為技工，至2009年為期7年；2002年進廠的蔡興，

2004年升為技工，至2009年為期5年；以及2002年第二次進廠的技工胡慶，至2009年為期7年。

　　男性農民工向上流動受阻的原因是多方面的，其中之一便是相關職級評定和晉升機制的缺失。通過在沙岩廠五金部的觀察，發現該部門根本沒有制定員工職業技能考評和晉升的規章制度。又以張林和馬俊為例，他們兩人曾經一同向部門經理申請過晉升為技術員。他們的技術水平是否達到了技術員的標準，他們的晉升要求是否符合工廠晉升機制的規定，這些都無章可循。制度化管理難以實現的情況下，部門管理者亦不能作出合理的解釋與處理，而總以推脫和敷衍的方式進行逃避。

> 就今年推明年，明年推後年，一直推了幾年。每次都去找，找上面的人，結果每年都沒搞成，也不搞了。然後他就說你隨便做點就行了，不想做就怎樣，拖拖拖。現在情形，現在情形不好了，就更不用說了，所以說就不用談了。
>
> （馬俊，男，已婚，1980年出生）

　　制度的不健全為「人治」提供了生存空間，人際關係成為阻礙員工間公平競爭的重要因素。正如馬俊所說的：「別說管得好管得不好，無所謂了，有人際關係，馬上就給你提上去，沒人際關係，再好都沒用呢。」依靠關係獲得提升在五金部內並不鮮見，相關的八卦消息也比比皆是。截至2007年第一次田野調查，趙鵬出任絲印組組長已經有四年，但關於他如何晉升為組長的八卦仍然為人們津津樂道。據說，當年趙鵬與絲印主任于貴同住一個宿舍，為了和于貴搞好關係，趙鵬為于貴洗了兩年衣服，之後才被提升為組長。

　　與之相比，馬俊則成為人際關係作用下的「犧牲品」。馬俊不僅對管理很感興趣，並且具有相關的工作經驗。在進廠初期，他曾向「老大」[1]也就是銘版主任提出許多管理建議，但是並沒有被完全採納：

以前我剛過來的時候，我一直認為，不是說我不想管理，不那
啊，那時我老大說講管理啊，屬於管理方面，我就管一下。但
是，有好多問題，他不採納，不樂意用，像開週會，我認為每
個禮拜都應開一次週會，週五啊，他認為沒那個必要嘛，是不
是，沒那個必要採納嘛。你要是做的太好的話，再說老大也怕
你取代他的位置嘛。

（馬俊，男，已婚，1980年出生）

之後，他也曾在經理的安排下代理過銘版組的生產管理，為時
一個月。然而，當晉升組長的機會出現時，他卻沒能競爭過銘版主
任的同鄉「四毛」：

我老大那時候沒提拔就跟我這樣說了吧，他提四毛，說四毛家
裏比較負擔重，小孩多怎麼樣的，他就怕我的意見重嘛。我也
找我們那時候主管說了，沒找經理，然後就跟主管說了一下，
主管也這樣說了嘛，反正說提誰呢是他老大的哈，他既然提了
那就看他今後怎麼樣吧。

（馬俊，男，已婚，1980年出生）

在馬俊看來，「老大」是為了鞏固自己的實力，才提升了自己的
老鄉。而他之所以沒能得到提升，正說明了晉升機制缺乏公平，人
際關係在其中起到決定性作用。值得注意的是，「老大」在安撫馬俊
的時候，以四毛的家庭負擔重作為藉口。這一方面說明，該部門的
晉升機制缺乏專業依據與規範，為人情關係發揮作用提供了較大空
間；另一面也說明，男性追求晉升在很大程度上與家庭責任相互聯
繫，這在男性農民工群體裏得到了較為普遍的理解和認可。

3.1.3 男性農民工的回應

在工廠體系內追求向上流動的努力並不一定能獲得相應的回
應。男性農民工，無論是否已經脫離等級結構中的最底層，都會在

晉升的道路上遇到這樣或那樣的阻礙。受挫的他們必然會感到灰心喪氣，正如馬俊所說的：「以前還有點信心，還想好好做，有機會給我提一下，給我弄弄，現在就更不用想了，直接就死心了。」面對晉升受阻，男性農民工會表現出不同的態度。有的相對消極和被動，更傾向於無可奈何地接受現實，如同張林也所表達的：

> 洩氣啊沒辦法啊，上面不同意啊，是不是。我們就是我們的想法我們要去找一下說一下嘛，上面不同意那我們沒辦法啊。在這裏做事，在人家屋簷下你有時候不得不低頭啊，呵呵，除非就是你自己走嘛。

（張林，男，已婚，1981 年出生）

有的則相對積極和主動，試圖尋求其他途徑來實現自我的追求。同在絲印組，老員工胡慶也認識到組內等級結構的固化使得自己並沒有晉升的可能，這便促使他要為自己尋找新的出路：

> 前途複雜嘛。因為在這裏工資的話，再加也加不起來了；二個的話，現在的位置嘛，你說想找個管理，自己成立自己的一個部門，這不可能的了。人家都已經在這裏不會走的，你只有另選自己的路子嘍，是不是。

（胡慶，男，已婚，1974 年出生）

儘管在積年累月的工作之後，他們都對自己在工廠之內的處境都有了清晰的把握，但應對態度的差異卻引導著他們作出不同的選擇。那些不甘於「人在屋簷下，不得不低頭」的男性，並沒有因為晉升受阻而停下嘗試和努力的步伐。向上流動並非只能通過工廠內部的晉升而實現，重返勞動力市場選擇新的就業機會，未嘗不是另外一種途徑。在男性農民工的實踐中，這兩種途徑並不矛盾或排斥。事實上，他們將根據對不同選擇可能帶來的後果進行充分的考量和權衡，去爭取和把握機會。

3.2 重返勞動力市場

2000年初由國家統計局開展的一項全國性城市家庭調查數據顯示，城鄉移民工人的流動率是城市工人的六倍（Knight & Yueh, 2004）。與城市工人相比，農民工就業存在更強的不穩定性和流動性。[2] 進入和退出勞動力市場，以及工作場所之間的轉換，都是常見的情況。

相比之下，男性家長對於工作轉換的態度更加謹慎。一方面，這不僅僅是關係到個人的選擇，同時也關係到家庭及其他成員。家庭責任促使他們在進行選擇時更加深思熟慮，並作出較為周全的安排，以有效降低由工作轉換所帶來的成本和風險。另一方面，作為向上流動的途徑之一，他們也渴望通過重返勞動力市場，謀得職位更高且待遇更優越的工作，從而以一種更加接近「作為男性最為榮耀的方式」（Connell & Messerschmidt, 2005）參與社會生活。在較高期待的調節下，工作轉換無論在機會的爭取還是把握上，都受到不同程度的影響。

3.2.1 群體內部的多樣性

農民工群體工作轉換的多樣性，不僅僅表現為男性和女性之間的差異，也表現為已婚者和未婚者之間的差異。從表3.1可以看出，受訪者中的已婚男性在沙岩廠的平均在廠時間最長，達到六年之久。他們往往能夠在同一工作環境下較為持續和穩定地工作，累積較長的工作時間，從而有效降低工作流動率。相比之下，其他員工的平均在廠時間明顯較短，全部不足兩年。特別是已婚女性農民工，她們的遷移時間與已婚男性相差無幾，而在廠時間卻存在明顯的差異。

表3.1：受訪者分性別和婚姻狀況的平均年齡、遷移時間與在廠時間[3]

	年齡（歲）	遷移時間（年）	在廠時間（年）
已婚男性	32.3	12.2	6.1
已婚女性	29.4	11.4	1.6
未婚男性	21.8	3.1	1.8
未婚女性	20.6	3.1	1.3

　　誠然，導致已婚女性難以保持工作穩定性和連續性的原因是多種多樣的，在第四章中將對此進行更加詳細的討論。這裏想要強調的是，在與同為已婚者的男性農民工進行比較時，女性往往會以犧牲自己的工作為代價，支持男性配偶連續而穩定地工作。調查顯示，夫妻雙方均在外打工的農民工往往傾向於在同一個地區工作和生活。在所有已婚受訪者中，除了一位已婚女性毛娜獨自在外打工，其餘20位已婚者都與妻子或丈夫同在沙岩廠所在的流沙地區打工。當在不同地區打工的夫妻需要其中一方放棄原有的工作以實現家庭團聚時，選擇放棄的往往是女性。來自四川的鄒慧，打工經歷可以追溯到1996年。擁有多年打工經驗的她在婚後毅然放棄了自己原先熟悉的地區和工廠，追隨丈夫來到他所工作的流沙地區，並於2006年進入沙岩廠。她曾説到：

> 我是遇到我老公才来這裏的，不認識他我不會来這裏的，肯定還會在茶山那裏或者在厚街那裏。……就像衞芳（另一位受訪者）一樣，衞芳老公不来這裏，她都不會来這裏的，都是老公来這裏才来這裏。

（鄒慧，女，已婚，1979年出生）

　　即使在女性選擇放棄的代價明顯高於男性的情況下，男性的工作也被置於優先保護的位置之上。1999年，趙鵬以普工身份進入沙岩廠五金部的前身（即砂石五金廠）工作；他的妻子在該地區另一家

臺灣工廠的幫頂部工作，任車間主任。同年12月，砂石五金廠與沙岩廠合併，需要從原先所在地區搬至流沙地區。面對工廠地理位置的轉移，工人需要在去留之間作出選擇。儘管妻子仍留在原先地區工作，趙鵬依然跟隨工廠搬到新的廠區。一年之後，趙鵬的妻子「為了兩個人在一起」，辭去了車間主任的工作，並重新以普工身份進入流沙地區的另一家工廠。當談到妻子從車間主任變為普工是否會產生心理落差時，趙鵬這樣回答：

> 人就是在取捨中過日子，對不對。本來就是，是吧，在你有
> 所收穫的時候，也有所犧牲的，人沒存在什麼後不後悔那些事
> 的，沒有存在對和錯的……願意去嘗試的話，就不會後悔。
>
> （趙鵬，男，已婚，1974年出生）

儘管趙鵬並沒有直接回答問題，但不能忽略，當工作與家庭之間出現矛盾時，作出「犧牲」的往往是妻子。她們所犧牲的是工作，即使這份工作所取得的成就可能比丈夫更高；她們所收穫的是家庭，即使家庭的團聚並不僅僅使她們獲益。可見，妻子的流動跟隨著丈夫，而丈夫的流動則跟隨著工作。工作與男性之間的關聯是更加緊密和重要的，而丈夫工作的連續性和穩定性在很大程度上是以妻子工作的不連續和不穩定為代價的。

未婚農民工的遷移時間明顯比已婚農民工短，這在很大程度上影響了他們在廠時間的長度，但並不能完全解釋兩者之間的差異。受訪的未婚農民工均出生於1980年之後，除了其中一位在1999年第一次離開家鄉之外，其餘全部都是在2000年之後才開始外出打工的。從代際的角度看，他們都屬於新生代農民工。劉傳江和程建林（2008）曾指出，新生代農民工的務工時間明顯短於第一代農民工。而李培林和田豐（2011）根據2008年「全國社會狀況綜合調查」數據發現，兩代農民工在其打工經歷中轉換工作的次數卻相同。在相對短暫的流動過程中，新生代農民工較為頻繁地轉換工作，造成了他們

停留在一份工作上的時間相對較短的現狀。

　　新生代農民工之所以頻繁地轉換工作，與工作對於他們的意義以及他們對於工作期待不無關係。時至今日，外出打工不再只是一種農村人謀生的手段，而是一種貫穿於中國農村的生活方式（Lee, 2007; Fan & Wang, 2008）。對於新生代農民工來說，外出打工不僅僅是出於經濟上的考慮，更意味著對不同於農村的城市現代生活方式的追求。儘管在進入城市之後，他們並不能像期待的那樣真正地擁抱城市理想化的生活，但工作對於他們的經濟意義必然有所下降。對於理想工作和生活的追求，促使他們不會因為進入一家工廠而停下腳步，特別是在工廠體驗不盡如人意的情況下。20歲的江琳是五金部包裝組的一名普工，她廠牌上所寫的進廠日期是2009年2月1日。然而，這並不是她第一次進入沙岩廠。自2004年2月以來，她已經多次進出沙岩廠，而每次離開與返回的原因又都是類似的。她提到：

> 辭工的時候就想到別的廠啊，有的時候就想去別的廠適應一下，老是在一個廠感覺到也沒意思，但是出了廠之後，又到了別的廠，又感覺到別的廠又沒有這的廠好，就這樣的……出了這個廠，然後去了別的廠，然後找到了以後，又感覺到不好啊，或者是不熟悉啊幹嘛的，就想著沙岩廠好，就這樣想的，每次都這樣。

> （江琳，女，未婚，1989年出生）

　　初到工廠的新鮮感很快會在日復一日慣常的工作與生活中消磨殆盡，而那些渴望在工作中獲得比「謀生手段」更多意義的年輕人則嚮往著更為多彩的生活。他們從一份工作轉換到另一份工作，不斷地嘗試，追逐著理想的工作與生活。於是，進廠和出廠便成為家常便飯。

　　在製造業為主的流沙地區，年輕女性在的勞動力市場上頗受歡迎。2007年田野調查時發現，沙岩廠後門的欄杆上長期懸掛著「招聘女工」的橫幅。儘管在2008年金融危機的影響下，該地區製造業日

漸蕭條，勞動力短缺的狀況也有所改變。[4] 但對於年輕女性農民工來說，找到一份工作並非難事。無須為工作機會擔憂的她們，常常因為「想家」、「不好玩」、「做得太久」等理由而辭工。相對來說，年輕男性在勞動力市場上受歡迎的程度並不如女性，但他們對於工作的態度並沒有因此而變得小心謹慎，林勇便是一個典型例子。他第一次進入沙岩廠是在 2007 年 4 月，那時只有 18 歲。雖然工廠只招女工不招男工，但林勇還是依靠老鄉關係順利進入注塑部，成為流水線上的一名普工。但由於「跟上司合不來」，他在 2008 年 11 月 20 日辭工。談及和上司的關係，他提到了一次吵架經歷：

> 就我在那邊，我產量拉的夠，對班，就是說對班拉一千多個，我有時拉兩千多個，還說我拉得少。有一次我跟總領班吵架了，就那一次，我就不服嘛。他拿個計算器算那個週期嘛，應該是最少也有兩三千了吧。我拉了兩千多，對班才拉一千多個，我拉兩千多個也說我，對班才拉那麼一點，不服氣，講好像針對我一樣，所以我就跟他吵起來了。

> （林勇，男，未婚，1989 年出生）

面對上司的指責，林勇並沒有選擇忍氣吞聲，而是通過直接、激烈的方式予以回應。這種方式具有鮮明的男性特徵，也是底層男性農民工在反抗壓迫的過程中構建男性氣質的方式之一。吵架之後，林勇便離開了沙岩廠。他先是在廠外玩了十多天，而後與同伴進入當地一家酒店，應聘了服務員的工作。酒店工作意料之外的辛苦，於是他在一個月之後又離開了酒店，回到了家鄉。轉年春節過後，也就是 2009 年 2 月，林勇再次回到沙岩廠，成為五金部的員工。

在結束了第一次田野調查三個月之後，我曾於 2007 年 11 月重返田野看望曾經一起工作和生活的工友，正巧絲印組男工宋志和女友阿桂一同辭工。在他們返鄉的前一天，我們有機會重聚。宋志的辭工並不令人意外，早在田野調查期間，他便透露過辭工的打算。因

為遲遲未能晉升為技工，工廠工作讓他看不到希望，因而打算回到家鄉謀求發展。到了2008年3月，依然保持聯繫的男工姜磊也發來信息，提到他和女友阿秀已經轉到流沙地區附近的工廠工作。他的工作轉換，一如他和阿秀成為男女朋友一樣，並沒有任何預兆。姜磊在短信中提到，新工作環境條件十分惡劣，他做搬運工也非常辛苦。儘管未婚農民工轉換工作的原因不盡相同，但他們在勞動力市場上的進進出出並不一定是深思熟慮後的選擇，各種不確定性導致了他們工作的穩定性降低和流動性提高。到了2009年第二次返回田野調查，在五金部內曾經熟識的未婚農民工已經所剩無幾，而大多數已婚男性農民工都還在部門繼續工作。

3.2.2　胡慶的跳槽經歷

2007年7月10日

　　不同於平時休閒褲和拖鞋的打扮，胡慶今天穿了深藍色西褲和黑色皮鞋。早上，他和玻璃廠的部長見面了，下午又來上班了。大家都知道這是他在絲印組上班的最後一天。從上次請假到今天正式辭工，短短幾天的時間裏，胡慶真的要走了。以後恐怕很難有機會和他聊天了，所以今天多聊了一些，主要圍繞著這次跳槽。跳到玻璃廠之後，他也要從基層做起，如果表現良好，之後可以參與管理。第一個月的底薪是一千二百塊，第二個月加二百塊，到了第三個月就是一千六百塊了，比在沙岩廠多出了幾百塊。不過他也有些擔心，因為他說自己以前在玻璃廠講過的謊話被面試的部長戳穿了，他怕這會讓人覺得他不老實，不利於以後的發展。他摸著二號機說：以後這台機就不是我的了，於是我用手機給他和機器照了張合影。之前也曾想給他照相，可他總是不肯，今天終於照了。我猜他也有點捨不得。

胡慶的跳槽發生2007年第一次田野調查期間，儘管事情有些突然，卻並不讓人感到意外。因為跳槽是胡慶一直醞釀的打算，而這次跳槽也並非他的第一次嘗試。正如前文所介紹的，自2002年以技工身份進入沙岩廠五金部後，胡慶一直沒有得到提升，而他對自己在該廠的前途也已有預見。對於看不到晉升可能的他來說，重返勞動力市場尋求新工作便成為他進入管理層的唯一希望。正如：

> 你看我這幾年做得再好人家也不是那樣，也不會給你多加一分錢。現在這麼大的廠老闆看不到的，知道嘛。就是說你是個好員工，人家老闆老大呢也就喜歡你，就是說把你留在這裏，真正的老闆誰知道這個人做得好？不像那小廠那樣，所以說我想出去博就是這樣。我有能力，我做得好，老闆喜歡我，以後我的就有前途了。我想發揮我自己，就這樣。我想出去，折騰一下就是這樣，因為你事事，就是說你拼，也要別人知道你是為啥拼，知道吧。
>
> （胡慶，男，已婚，1974年出生）

胡慶的目標是十分明確的。他希望能夠提高收入，希望能力得到認可，希望獲到老闆的賞識，希望能夠有所成就。他更加青睞私營小廠，因為在那裏更有可能通過發揮自己的實力得到老闆的重用。跳槽的嘗試必然伴隨著風險與成本，而內心對於成就的渴望則鼓勵他「放手一博」。在這些目標的驅動下，胡慶曾多次嘗試到勞動力市場尋找機會，通過正式和非正式的途徑獲得新的工作。

所謂正式途徑，是指通過現場招聘會之類的職業介紹場所獲得就業信息和機會。但這種途徑對於胡慶來說卻收效甚微。正式途徑之所以沒能為他打開轉換工作的大門，一方面是由於它的收益具有不確定性，需要繳納一定費用卻未必帶來工作的機會；另一方面是由於儘管能夠介紹工作機會，但這些機會卻並不具備信任基礎。正如胡慶所說：

你看星期六星期天現場招聘會的進候，我也去應聘，應聘結果去了，他也沒有，他要你交錢，什麼說了出門就是錢，就算有那個機遇的話，人家也要介紹費呀，他是給你介紹，要掏錢去。掏錢去，還不知道那個廠怎麼樣，你就花錢。我想的話，我就是說現場招聘會，如果老闆親自招聘去，他也懂得絲印，或者我這方面的知識或者技術呀他懂得，跟他一談，他就知道我的底細，他就知道瞭解我多少，就算他需要的話，他會帶我到他的廠裏看一下，他的廠房怎麼樣，規模怎麼樣，怎麼發展這樣。那樣的話，你就會安心的在他廠裏做，是不是。你隨便亂跳的話，萬一跳的不好，你家裏還要靠著你。

（胡慶，男，已婚，1974年出生）

由於肩負養家糊口的責任，已婚男性農民工承受風險的能力大大降低，因此，他們在選擇新工作的時候也會更加謹慎。需要繳納費用，但卻充滿不確定性，這種機會對他們來說更多的是風險，因此缺乏足夠的吸引力。

所謂的非正式途徑，則是指通過人際關係獲得的就業信息。這種方式恰好能夠彌補了正式途徑的兩個缺陷，既不必支付任何費用，又因熟人關係而覺得可靠，因此具有非常活躍的作用。通過這種方式，胡慶曾經多次從表哥、同事或熟人處獲得工作的邀約。其中，最具吸引力、卻也是最令胡慶後悔的一次發生在2006年。那是通過朋友介紹認識的一位私營絲印廠老闆，胡慶和張林一同被接到新的車間參觀，並受到老闆的熱情接待。用胡慶的話說，老闆「好像把你真的當成大師傅了」，向他們展示車間所引進的設備和購買的原材料。這位老闆給胡慶和張林兩人開出2,000元的工資，與他們在沙岩廠當時1,400元左右的工資相比還是具有吸引力的。但由於當時胡慶依靠在車間裏開六合彩單賺取提成，[5] 加上工資，一個月的收入可以達到3,000元左右。如果離開沙岩廠五金部，開六合彩單的額外收

入恐怕難以維持，所以胡慶沒有接受新的工作。而受到吸引的張林則向絲印主任于貴說明了離廠意願，並試圖請假到新工廠試工，但卻遭到了拒絕。一方面，于貴以不予准假為方法對張林進行限制，另一方面他也以為其爭取晉升技術員的機會為條件進行挽留。最終，缺乏強烈動機的張林沒有離開沙岩廠，晉升之事在其後也不了了之。

儘管遇到也失去過不少機會，但胡慶始終沒有放棄努力和希望。雖然也有同事勸他安於現狀，但胡慶依然想要抓住機會，他說：「能打幾年就幾年，最起碼自己出去博一下，博不了的話，就在這兒做了。」2007年，不斷尋覓的他終於得到了跳槽玻璃廠的機會，這也是他自2002年進入沙岩廠之後唯一付諸於實踐的嘗試。但出人意料的是，胡慶在跳槽不到一週之後，又回到了沙岩廠五金部絲印組二號絲印機前，繼續他以往的工作。事實上，在到玻璃廠入職之前，胡慶對於這次工作轉換的前景已經產生了些許的擔憂。他在面試時曾經謊稱自己有過在玻璃廠工作的經驗，但被面試官當面揭穿，所以他擔心會給對方留下不良的印象。進入玻璃廠之後，工作的強度超乎了他的想像。也正是由於沒有在玻璃廠工作的經驗，胡慶並沒有想到印刷玻璃的工作如此繁重，其中最為辛苦的部分就是在印刷前後搬抬玻璃。胡慶提到，在玻璃廠工作的幾天，每天下班回家後都感到筋疲力盡，甚至連洗澡的力氣都沒有。與之相比，沙岩廠五金部的工作則輕鬆了許多。一方面工作量和勞動強度相對較低，另一方面部門管理又比較寬鬆，特別是對像胡慶這樣的老員工。繁重的體力勞動讓胡慶難以承受，幾百元收入的差別也變得得不償失，像他自己說的：「上次就跳跳跳，跳得太累了，雖然工資多了四五百塊錢，過了第二個月多五百塊錢，我老婆生怕把我累垮了。」好在憑藉與絲印主任于貴良好的關係，加之自己的專業技術也為絲印組所需要，胡慶又回到了沙岩廠。他說：

她(老婆)說你還是打電話給老于(指絲印主任于貴)吧。我就，
我就不好說，我哪好意思回去，既然辭工了又回去。她說打工
還要什麼面子，打工就是這個樣子，既然要面子就不要出來打
工啦。老婆說的也是有道理，你出來就是為了錢嘛，是不是。

(胡慶，男，已婚，1974年出生)

終於鼓起勇氣而跳槽，卻又因為意想不到的困難而不得不放
棄，這對胡慶來說是個不小的打擊。原本期待通過跳槽而獲得更
高的職位和收入，卻又在離職不久之後重新回到原來的位置繼續工
作。雖然心理上難以接受，但為了生活卻只能妥協。從胡慶的經歷
可以看出，已婚男性農民工對於向上流動的渴望鼓勵著他們在現實
中付諸實踐。這是他們在城鄉流動的過程中，在資本、城鄉和性別
三重結構的壓迫下，重新構建男性氣質的一種嘗試和努力。然而，
即使存在這樣或那樣的機會，即使他們有勇氣把握機會，但現實依
然是殘酷的，並非所有的努力都能獲得令人滿意的回饋。

3.2.3 議價能力與考量因素

渴望通過轉換工作實現向上流動的已婚男性農民工，往往在之
前的工作過程中積累了一定的專業技能或管理經驗。因此，當他們
重新回到勞動力市場，便成為受歡迎的勞動力資源，其議價能力也
有了顯著提高。正如上文所提到的，胡慶經朋友介紹結識了一位私
營絲印廠老闆。在溝通過程中，他受到老闆的禮遇，從而獲得了極
大的滿足感：

他一來，他是打電話，這裏需要你嘛，他就說你在這裏他需要
你這種人才。他就馬上就約你嘛，他說你什麼時候有空，然
後開車來接我，然後把我和張林都去了他，連張林也跟我一樣
嘛，他說如果行的話，他也想走。我們倆都去了，那老闆一下

車給人感覺還可以，說話好像把你真的當成大師傅了。然後
帶你到車間給你看一下，然後廠裏設備，什麼上網機，絲印的
絲印機呀，然後也給你看一下，他買什麼油，什麼材料都給你
看，他說現在出二千塊錢。

（胡慶，男，已婚，1974年出生）

在擁有數千員工的沙岩廠，胡慶和張林都是最為普通的技工，
而在規模較小的私營工廠中，他們則會被尊為「人才」和「大師傅」。
憑藉自身所擁有的人力資本，他們在一定程度上具備了在勞動力市
場挑選工作以及與資本議價的籌碼。對於不能提供理想待遇的工
作，他們會予以拒絕，如同工模組主任為胡慶介紹的一次機會：

他說我剛起步，他這樣，他說條件不是很好，就是說工資出不
了那麼多。我說你考慮一下，我說你需要起步想發展的話，你
必須有一個有力的人幫你撐這個，他就，跟他說了這些事，我
說你請幾個人你說你又需要一個全面的人才，全面的。我說怎
麼樣才算是全面的？他說又可以調油，又可以曬網的。我說可
以，我說調油曬網的，我都能給搞定。他說，你到底要多少錢
呢？我說你先不要看那個談工資嘛，我說你先看下我的能力以
後再談工資。我一般進廠都是這樣跟他們說的，跟他談工資都
是這樣的。然後跟他搞一下，搞一下後，不管你需要我給你搞
哪一種，給你搞定了，你覺得可以過關了，然後你再問我給我
談工資，我再給你談的。我說你先看我技術拿工資嘛，他說，
我相信你有這個能力，既然我朋友說你幹了十幾年，我相信
你，但是我現在不能出那麼高的工資，只能出一千五的工資。
我說你一千五塊你只能找員工，你找不到這種人啦，我就說。
他說我沒辦法了。

（胡慶，男，已婚，1974年出生）

事實上，已婚男性農民工在權衡工作機會的利弊時，首先考量的因素仍然是收入，而收入往往又與職位高度相關。當一個新的工作機會出現時，他們首先會進行收益與成本的比較。積年累月的工作之後，即使收入和職位還沒有提升到理想水平，卻也高於普通員工，這就導致他們選擇新工作的機會成本相對更高。於是，新工作所能帶來的收入與職位上的提升將直接影響他們轉換工作與否的決定。當張林談到2006年與胡慶一起接觸的跳槽機會時，就表達出以上的想法：

> 那時候談的是兩千塊錢一個月嘛，最低嘛，他說保證一個月要有兩千嘛。要是一千多的話，我去那邊的話就有點不值了，再說他那邊環境沒這裏好。再說過去的話，工資高點才想跳嘛，要是跳來跳去還是原來這個工資，你就跳了沒意思了是吧。
>
> （張林，男，已婚，1981年出生）

當然，他們對於收入和職位的權衡並不僅僅局限於當下的水平，而是會將可預見的經濟收益和發展空間納入考量範疇。如同胡慶之所以選擇跳槽到玻璃廠，一方面考慮到預期收入與當前收入相比較會有500元左右的提升，另一方面則是看重新工作能夠帶來的發展前景。

其次，新工作所存在的風險和不確定因素亦是已婚男性農民工所關心的問題。最大的風險莫過於工廠命運的前途未卜。1997年，于貴從五金部的前身砂石五金廠跳槽到一個剛剛起步的私營小廠。他在那裏的工資高出沙岩廠許多，並且全權負責生產。然而好景不長，不到半年時間，工廠由於經營不善而倒閉。輾轉之後，于貴於1998年再次回到原廠繼續工作。事實上，需要技術人員並能夠在進廠初期就委以重任的，往往是剛剛起步的私人小廠。它們更容易成為那些擁有技術並渴望發展的農民工嚮往的出路，然而撲朔迷離的發展前景卻會導致缺乏足夠風險承受能力的他們望而卻步。儘管

胡慶清楚地認識到私營小廠更可能為他實現自己的職業理想提供機會，但卻常常顧慮重重：

> 以後他的發展我們怎麼知道呀，他能不能接到單，能不能起家，反正起步的都是這樣，誰也不知道。但是他一下子不給我們定心丸，我們也不敢去呀是不是，萬一萬一去了不好，你又麻煩啦。
>
> （胡慶，男，已婚，1974年出生）

再次，男性所肩負的家庭責任也成為束縛他們進行選擇的原因。對於已婚男性農民工來說，跳槽不僅僅關係到個人事業的發展，更牽扯到整個家庭的命運。由於將家庭成員牽涉在內，個人轉換工作的家庭成本和風險便隨之提高。於是，他們在考慮是否轉換工作時，往往需要周全而慎重的決定。于貴表示：

> 像我現在，我都不敢輕易去出廠，因為畢竟來說自己有份家庭，上有老下有小，所以很多方面都在顧慮的，必然要逼著自己，自己去做。
>
> （于貴，男，再婚，1978年出生）

如果轉換工作會導致地理位置上的變動，那麼來自家庭、特別是一同打工的配偶的阻力，將會進一步擴大。因為這往往意味著配偶也需要一同轉換工作，從而使轉換工作的成本翻倍。正如胡慶所經歷的：

> 當時我就沒想去跳。我問我老婆，我老婆也說，你跳了還不知道好不好，再說我們二個人又在一起，你走了，我還又要跟著你，她說。
>
> （胡慶，男，已婚，1974年出生）

此外，來自個人自身條件和工廠管理制度的種種限制也會阻礙農民工轉換工作。在個人層面，年齡問題常常困擾著已婚男性農民

工。隨著年齡的增長，一方面，他們追求職業發展的動機逐漸降低，另一方面，他們獲得發展機會的可能也逐漸降低。因此，年齡越大，跳槽意願越低，幾乎成為已婚男性中的普遍規律。

> 出去了也是說打工，現在年紀也大了。像車間的那個組長，刀模的那個阿斌，他說跟我說，因為我們也是多年同事，99年他就進來的，也是蠻好的……我跟你說實在話，你現在都這麼多年紀了，你還折騰什麼，你能打工幾年，是不是？
>
> （胡慶，男，已婚，1974年出生）

在制度層面，嚴格的請假和辭工制度限制了農民工的自由。根據沙岩廠的請假制度，員工請假需提前向上級管理人員提出申請，經管理層逐級審核，最終由部門主管作出決定。獲得批准的員工可以放假，並扣除相應工資，而未獲批准的員工則不得放假。辭工制度的程序與請假制度一致，獲得批准的員工根據就近原則，可以在每月10日或25日結算工資離廠，而未獲批准的員工則不得離廠，否則會被視為「自離」，承擔一個月工資的損失。為了避免不必要的經濟損失，員工在無特殊原因的情況下更傾向於遵守相關規章制度，從而降低了活動的自主性。張林自1998年進廠後，只請過三次假，分別在1999年、2002年和2005年。即便如此，當他試圖在2006年請假到新工廠試工時，還是遭到了拒絕，從而浪費了一次跳槽機會。

> 那時候我想過去看一下，但是這邊了，那時候請假，于貴又不給請，所以就沒過去了……去年五月份嘛，五月份，因為那時候我又剛請過假嘛，請過假到我老婆那邊嘛，所以我來了他又想，又想請假，他不給請，不給請了我就沒有去了……現在想起來有一點點（可惜）。
>
> （張林，男，已婚，1981年出生）

最後，轉換工作必然導致離開熟悉的工作環境，並失去逐漸積

累的資歷，從而相應地增加其中的心理成本。選擇新工作之後，人們需要重新熟悉工作環境並建立人際關係，同時也意味著要割捨對原有工作及其環境的情感，並失去一部分的人際關係。所包含的心理成本與工作年限的長短高度相關，工作年限越長，心理成本越高。從馬俊的談話中可見一斑：

> 如果是跳槽的話，那就要又要重新開始幹，就像走路一樣，走了好遠好遠好遠的路，不管是好是歹都走了這麼遠了，如果說你要重新又走新一條路的話，還要重頭開始走，所以說沒那個必要了嘛。

> （馬俊，男，已婚，1980年出生）

誠然，已婚男性農民工重返勞動力市場時，其人力資本和議價能力都有所提升。但也應該注意，可觀的機會成本、不確定的經營風險、沉重的家庭責任，以及重重的制度限制和累積的心理成本，都阻礙著他們通過轉換工作實現向上流動的步伐。不少男性農民工將尋找和嘗試新工作當成他們職業發展的希望，但最終能夠在拼搏中得償所願的卻為數不多。在外奔波數年之後，在勞動力市場和生產過程中不斷受到挫折的他們，逐漸對打工生活感到厭倦。於是，他們又將重新規劃自己和家庭的未來。

3.3 疏離與回歸：主動又無奈的選擇

理論上講，在社會、經濟和文化層面上被邊緣化的個體往往與主流社會保持一種長期的負面關係（Bourgois, 2003: 17）。事實證明，在當代中國城市與工廠體系之中，農民工群體處於被壓迫、被剝削、被邊緣化的位置。儘管作為積極的行動主體，已婚男性農民工在遷移過程中嘗試通過不同的實踐，重新塑造他們從屬型和邊緣化的男性氣質，但當這些努力並不能得到積極回應時，他們也難以改

變自己作為「無根的非市民」(unrooted noncitizen)(Solinger, 1999: 1)
而與城市產生的關係。

3.3.1 疏離：打工生活之於男性

　　尋求晉升機會和工作轉換，是男性農民工渴望在工廠體系內實
現向上流動的努力。然而，行動主體試圖在頑固、僵化的等級結
構中尋求突破卻並非易事，絕大多數農民工往往難以在體制之內謀
得生存和發展的理想位置。於是，他們巧妙地通過保持與「工人身
份」之間的距離而獲得內心的平衡。實證研究發現，在銀行中從事
瑣碎工作的人們常常保持著自己與其默認身份之間的距離(Jackall,
1978)，[6]這種心理動力與受訪農民工不謀而合。事實上，農民工與
其工人身份之間的距離從來就沒有消失。只是，當他們積極地參與
城市與工廠的各種實踐時，這段距離縮短而又模糊起來；而當他們
向上流動的實踐以失敗而告終時，這段距離則變得更加清晰。

　　大部分受訪者都對打工生活持有疏離的態度，正如他們常說「這
只是一份臨時工作」。這種感受並不僅僅是他們的主觀體驗，而具有
不合理卻合法的現實基礎。當國家與城市在城鄉流動的過程中將城
鄉二元結構複製到城市之中時，農民工群體被系統地排除在城市的
勞動就業、社會保障、公共教育與醫療衛生等不同制度之外，戶籍
制度為這些制度安排提供了合法依據。身為「二等公民」，打工並不
是「長久之計」是農民工對於制度安排和自身命運的根本認識。馬俊
的一段話揭示出殘酷的現實：

> 打工打長久了，你想，你會打出什麼東西來呢……它不是固
> 定單位，它也不是固定工作，比方說你今天走，今天就拿了工
> 資就走了，別說幹七年，你連一點賠償金都賠不到。
>
> （馬俊，男，已婚，1980年出生）

對於很多男性農民工，特別是老一代來說，打工在很大程度上只是一種賺錢的手段和謀生的工具。王成經歷了十餘年的打工生涯，仍然沒有在這種生活中獲得更多的滿足與歸屬。一如剛剛外出打工一樣，打工的意義主要在於賺錢，而賺錢也是打工帶給他最大的收穫：

> 搞了幾年，像那時候一天幾塊錢，一天二十塊錢，做小工，一天二十塊錢，那時候拼命的攢，晚上我出去玩的時候都很少，一個月幾百塊錢，存起來，存到過年存了幾千塊錢，積少成多啊，自己受累也多，掙點錢艱難吧。現在一直我還是這樣，賺的錢一般都存起來，很少用的。出來最少一年，一個人，一個人再不掙，也得有一萬五，一萬五掙不到，你在外面不要出來打工，打還打個屁工啊。……人啊拼啊拼啊，在外面就是拼的錢，現在就是拼命找兩個錢，以後想的事情還多呢，有錢什麼都好做，沒錢誰都看不起。

（王成，男，已婚，1976年出生）

現實並未給男性農民工提供身份認同的客觀環境。城鄉二元結構和階級結構的交互作用將他們置於工廠等級體系的底層，並通過設置「玻璃天花板」大大壓縮了他們上升的空間。另一方面，性別結構賦予男性特權、責任和期待，又在物質和文化層面要求他們不甘於接受被壓迫和邊緣化的位置。儘管他們也曾把工作成就當作理想而不懈地追求，但當這些努力和嘗試沒能得到積極回應時，與默認身份保持一定的距離便成為他們進行自我調節和紓解的方式。可見，身份的疏離便成為他們在未能實現農民工身份認同的情況下，一種既主動又被動的選擇。

當然，男性與女性之間同樣存在差異。已婚女性追求事業發展的動力遠不如男性，也沒有將更多的生活期待賦予打工之中。所以，她們往往不會遭遇期待落空後的失落與退縮。作為一家之主的

男性則會把打工當作為今後事業發展奠定經濟基礎的過程，比如他們常常說「我正在努力存錢，然後自己做生意」。現在的努力與堅持並非為了繼續這種生活，而是為了早日擺脫這種生活，並開始追求自己觸手可及的理想生活。正如胡慶所説的：「想博就是想多賺點錢，為以後多搞點資本呀，早點脱離他們。」儘管他們沒能在城市與工廠體系內實現自己的職業理想，但並不意味著他們就此失去了對生活的渴望和追求理想的動力。為事業而「博」的精神依然存在，也引導著他們未來的選擇與實踐。

3.3.2 空間與身份的回歸

2009年4月16日是徐軍在沙岩廠工作的最後一天。不想等到年紀大了還無所作為，不想等到被淘汰的時候再離開，27歲的他選擇在這個日子結束九年的打工生涯。按照計劃，他將回到家鄉學習開車，然後買輛出租車在縣城裏謀生，妻子則可以一邊照顧三歲的女兒，一邊幫助妹妹照看店鋪。無獨有偶，徐軍即將開展的新生活，與胡慶之前描述的未來如出一轍。與此同時，胡慶也剛剛在流沙地區完成了駕駛員訓練並獲得了駕駛執照，距離他所設想的生活更近了一步。

> 我都想啊，我都想巴不得不出來，所以想回家開出租車，可以一個在家裏，照顧家裏，老婆在家裏開個小賣鋪啦，或者開個服裝店啦，我開出租車，可以在那裏轉啦，在市裏也好，在鎮上也好。在家裏有爸媽都在一起，小孩都在一起。就這樣，錢我不圖很多錢，我們都是很平常的人，就過平常的生活，能夠我們夫妻二人能和睦，家庭和睦就可以了。

> （胡慶，男，已婚，1974年出生）

與剛剛開始打工生涯的農村青年不同，經歷多年打工生活的農民工往往對未來生活有更加明確的規劃。儘管調查期間大部分已婚

男性農民工仍然繼續著打工生活，但根據他們所表達的意願，在不久的將來，他們終將選擇結束打工，偕同妻子回到家鄉開展新的事業和生活。由此，他們將實現由「城市」到「農村」空間上的回歸，同時也將實現由「農民工」到「農民」身份上的回歸。空間與身份的回歸，是已婚男性農民工基於對家庭事務的責任和決策權而作出的選擇，而這種選擇又出於以下的種種考量。

渴望自主經營：在農村地區，男性家長主導和控制著家庭經濟生活的主要事務。然而，參與到打工實踐中的他們，不再對其所從事的經濟活動具有控制力和決定權。於是，一種「打工並不是為自己」的想法逐漸產生。從1994年開始外出打工，到調查期間已經在外奔波13年的杜毅逐漸感到身心的疲憊，其中一個重要原因便是厭煩了為他人做事的工作狀態。他說到：

> 本來就是打工打得時間再長，回去你總的來說，你說你自己給你自己找一片事情，不可能老給別人幹也沒意思。
>
> （杜毅，男，已婚，1976年出生）

在這種想法的作用下，他們渴望擺脫給別人打工的命運，回到「自給自足」的工作狀態，哪怕僅僅是做小本生意。于貴在沙岩廠五金部已經坐到絲印主任的位置了，儘管如此，他也沒有感到滿足。他曾這樣描述自己的打算：

> 打工，打工就是，拿個你就是兩千、三千、四千，你也撐不壞，也餓不死，一定是這樣子。可以這樣說，發達的人，沒有一個說是打工打的發達了的，都是經營一些小生意，然後慢慢慢慢把它做大。所以說，等我生活環境好了一點的話，我會出去拼搏一下。
>
> （于貴，男，再婚，1978年出生）

于貴所處的位置，是沙岩廠之中農民工出身的員工所能夠達到的最高位置，也就他向上流動的「玻璃天花板」。儘管與普工和技工

相比，這一位置已經實現了被管理者向管理者的轉變，但仍未擺脫工廠等級體系中受資本控制和壓迫的命運。對於自主經營和更高經濟收益的嚮往，推動著打工者繼續尋找自我實現的途徑。而于貴所謂的「拼搏」，指的就是「到那時候可能自己不會去打工了，自己不會打工了，可能會去做啊做一些小本生意呀這樣子」。這種努力要求經濟上的準備和挑戰的勇氣。在為成功提供可能的同時，也伴隨著風險與不確定性。

對家人的牽掛：「家」是大多數中國人最嚮往和留戀的地方。「回到家裏，就覺得躺到床上都舒服」，這種感受並不只是胡慶一個人才有的。那些「上有老下有小」的農民工，雖然身在異鄉，卻無時無刻不牽掛著自己的家人。一方面，在農村社會，兒子具有贍養父母的責任和義務。春節是中國人最重要的節日，也是一家團圓的日子。胡慶說過，每年春節，無論賺沒賺到錢，他都一定會回家過年，否則他媽媽連年夜飯都沒法吃。所謂「養兒防老」，要求兒子在父母年老的時候，為他們提供必需的照料與支持。徐軍之所以選擇離廠返鄉，也是考慮到自己對於父母的責任：

> 老爸老媽也有五六十歲了，就我一個兒子，不想在外面漂泊太久了……總覺得現在農村裏都沒什麼人了，萬一什麼事，沒有人不太好，他們年紀又大了，又是老的小的，應該回家看看。
>
> （徐軍，男，已婚，1982年出生）

另一方面，年幼的子女也需要父母的教育與陪伴。「留守兒童」問題已經城鄉流動帶來的重要社會問題之一。在孩子的成長過程中，父母不能陪在身邊給予悉心的照料與陪伴，給兒童的健康成長帶來了嚴重的負面影響。越來越多的父母逐漸認識到這一問題的嚴重性，對子女教育問題的重視程度也越來越高。因此，他們也會為了孩子而選擇回家。作為父親，杜毅已經開始為5歲女兒的教育進行規劃：

孩子也大了，要上學，現在上學，上學要看得好一點，不看得
緊一點，她要給你，她一天在外面，玩了一天不知道學習了，
現在就是把孩子耽擱了。

（杜毅，男，已婚，1976年出生）

可見，對父母和孩子的牽掛，是已婚農民工選擇返回農村老家
的重要影響因素。作為一家之主，已婚男性需要盡到家長的責任，
盡可能地為家庭成員提供更好的生活，使老有所依、幼有所養。通
過打工積累一定的經濟基礎，而後返回家鄉，一方面能夠改善家庭
的經濟狀況，另一方面也能夠為有需要的家庭成員提供更為妥善的
照料和教育。

農村環境的改善：城鄉地區的經濟差異曾是農民背井離鄉、來
到城市打工的重要原因。隨著現代化建設的不斷深化，國家解決「三
農問題」的舉措也越來越有力度。其中，2005年提出的新農村建設
和2006年在全國範圍內徹底取消農業稅，被認為是最為重要的兩大
舉措（徐勇，2005），在很大程度上減輕了農民的負擔，並且推動著
農村經濟、政治、文化各個層面的改革。2010年《政府工作報告》指
出，2009年中央財政用於「三農」的支出為7,253億元，較2008年增長
了21.8%；政府大幅提高糧食最低收購價，並啟動實施全國新增千億
斤糧食生產能力的建設規劃；此外，農村生產生活條件也繼續得到
改善。[7]另一方面，2008年金融危機全球爆發之後，中國的實體經濟
也遭受重創。沙岩廠雖然沒有在金融危機的打擊下遭遇嚴重危機，
但也受到了一定程度的影響。由於訂單減少，工人毋須加班，收入
明顯降低。相比之下，農村優越的扶持政策和較好的發展前景變得
更具吸引力。越來越多的農民工開始計劃返鄉，如同杜毅一樣：

農村現在回家的時候，國家的政策好了，你就有了好事兒你就能
撞得上，你在外面打工，家裏什麼事情你都不知道的，有什麼好
的政策，你又不在家，人家就讓你搞，你不在家怎麼給你搞呢。

（杜毅，男，已婚，1976年出生）

從尋求晉升機會到重返勞動力市場，再到返鄉創業，已婚男性
農民工圍繞工作線索而規劃和展開的所有行動，是他們對城鄉遷移
歷程中不同情境和遭遇所作出的回應，其中既包括積極的嘗試，又
蘊藏無奈的選擇。這些實踐共同刻畫出這一群體獨特的遷移圖景，
也在動態過程中重塑著他們與工作相聯繫的男性氣質。當然，這些
行動僅僅是他們遷移歷程中所有實踐中的一部分。除此之外，他們
在工作之餘也通過不同途徑對其男性身份進行建構。

3.4 工作之外的實踐

社會實踐並不是孤立的行動。當我們談到男性氣質時，作為一
系列性別實踐的整合，它也決不是割裂的行動。這些行動往往整合
於更為龐大的整體之中，並在動態的過程中有機地組織在一起，構
成我們所觀察到的男性氣質的全貌 (Connell, 2005: 72–73)。需要注意
的是，已婚男性農民工在工作之外的實踐，從沒有脫離他們在職場
之內的努力，兩者之間是密切相關且相互影響的。

3.4.1 關係重要

農民工群體的關係網絡主要是基於血緣、親緣和地緣而建立起
來的，並在遷移過程中發展出由業緣關係所構建的關係網絡。無論
是農村還是城市，無論是工作還是生活，無論是廠內還是廠外，關
係網絡都起到舉足輕重的作用。由家庭和同鄉所構建的關係網絡具
有先賦性，在使用的過程中更加強調義務，因而常常會超越社會規
範，直接用於自身利益的改善 (翟學偉，2009)。在之前的討論中，
我們已經關注到地緣關係對於男性農民工就業和晉升的重要意義。
而這種潛規則的盛行，在實踐中又超越了血緣、親緣和地緣的邊
界，滲透到關係網絡中的不同部分。除了能夠左右具有關鍵意義的

工作機遇之外，關係還影響著農民工工作與生活的方方面面，並成為他們對自我和他人進行評價的重要依據。因為衡量一個人能力的大小，不僅僅在於考察他的技能、智力和健康等人力資本要素，還在於他調動其所處社會網絡的能力（翟學偉，2009）。

首先，關係能夠通過使自身利益獲得最大程度的滿足，為工作增添許多便利。它如此重要的作用，在中國社會早已為人們所熟知。而「男主外，女主內」的性別規範，不僅僅規定了兩性之間的勞動分工，也涉及到他們在關係處理上的分工。男性往往更加注重與外部工作相聯繫的人際關係的建立與維護，其中，與上司之間的關係直接影響到他們在工作環境中的利益。通過平日裏三不五時地請客、吃飯、打麻將、送禮等方式，胡慶與絲印主任于貴之間一直維持著良好的關係。當胡慶在跳槽過程中需要幫助時，于貴便利用自己的權力為他開啟了一道道「綠燈」。按照沙岩廠的規定，辭工需要提前15天提出申請，並經由部門管理人員的批准才能生效。至於員工招聘，更加需要經由工廠人事部門的集體篩選與審核方能進廠。然而，胡慶從辭工到返廠，發生在不到一週的時間內，沒有受到任何干擾和阻撓，不由得讓人感嘆其關係的強大。胡慶不無驕傲地說：

> 我說我還可以走急一點，其實我不想那樣搞嘛，用不著那樣搞。我就說今天上午我在上班，下午馬上結工資，我就可以那樣搞。只是說你廠規是要提前15天，但是現在，連法律都管不了有些事，有些人際關係都能超過那些，那廠規什麼，廠規就是跟他打聲招呼，跟他說說好話，幫幫忙呀，都能解決的。
>
> （胡慶，男，已婚，1974年出生）

其次，擁有和動員關係網絡的能力，除了能夠帶來凌駕於工廠規章制度之上的方便，還能夠幫助個體獲得超越工廠等級關係的特權。在其中發揮作用的關係網絡不僅僅來源於工廠之內的資源，也會受到工廠之外關係網絡的影響。在五金部乃至整個工廠內，員工

被上司教訓是十分常見的情況。馬俊作為一名技工，並不擁有任何管理上的特權。而他表示，在部門之內等級位置高於他的上司都「不敢」對他出言不遜，這在很大程度上與他能夠在工廠之外動員較有影響力的關係網絡密切相關，正如他所說：

> 老大從來不敢屌我，經理都不敢屌我。……我不是吹牛的，我在這裏除了經理啊，有時候說啊那啊，其他人他不敢怎麼屌我。反正在這兒這麼多年了，畢竟以前老大在廠裏面有好多人辦事呢吧，還是找我幫他搞定，我都可以幫他搞定。前幾年，我老鄉在這裏人特別多嘛，隨便找些，外面的事，裏面的事，我都能把它搞定，人太多。
>
> （馬俊，男，已婚，1980年出生）

在沙岩廠所處的流沙地區，社會治安十分惡劣，河南人構成當地最大的黑社會勢力。馬俊雖是安徽人，但根據「河南安徽是一家」的說法，他在工廠之外建立了許多基於地緣而形成的社會關係，這使他在工廠內外都有恃無恐。同時也滋生了他的優越感，並從中獲得自我滿足。

除了以上情形，也有男性農民工通過在熟人網絡中獲得認可和威望而感到精神上的滿足。網絡理論告訴我們，移民網絡在有遷移經驗的個體和有遷移意願的個體之間搭建起互動的平台，並通過前者向後者提供信息、建議甚至進入城市初期的食宿安排等不同形式的幫助降低遷移的成本，從而改變其後遷移者的經驗和軌跡（Hugo, 1981; Massey et al., 1993）。事實上，為熟人提供就業信息或城市生活經驗，在農民工關係網絡中較為常見。王成在五金部內是一名普通的搬運工，在工廠等級結構中處於最底層的位置。在等級結構的束縛下，他作為男性實現自我價值的渴望，在工作關係中並不具有實現的基礎和可能。但是，他的自我價值卻在熟人網絡中得到了一定程度的滿足：

跟我來的朋友，介紹到廠裏，介紹很多。以前我們那個廠的，我也介紹很多，然後都很熟嘛，我朋友很多嘛。我都說他們，我說做事進廠，要蹬得住車，蹬得住車就是打得住樁，你不要進去沒做多久就跑了，我，我以前過來的，經過過來的也是那樣的，一年跑到頭，過年份都沒有，過年都沒錢，過年錢都沒有。所以我說，你走到哪裏，你不管是廠裏再差，如果做下去，每個月，你還能拿幾百塊錢，一千塊來塊錢，可以啊，我就這樣說他們嘛。……我在那，我調理得很，調節好多人過來，不管男孩子女孩子，經我手帶出來的還是不少的。我說要做就做個名堂，要玩也要玩個名堂出來，是不是，不管人什麼樣的個性就是這樣。

（王成，男，已婚，1976年出生）

與胡慶和馬俊不同，王成在關係網絡中的互動並不是為自己的生活謀得現實的利益，而是為他人提供幫助，諸如工作機會、打工經驗或生活建議。但這些付出對於他自已同樣具有重要的意義，因為可以幫助他建立威信與聲望。在提升自我價值的同時，增強了他的滿足感和自我認同。

從這些男性農民工的自我表述中，我們並不能真正地判斷其中到底有多少真實，又有多少吹噓。究竟胡慶能否更加自由地進出工廠，究竟有哪些上級對馬俊有所忌憚，究竟王成又得到了多少同鄉的尊敬，這些並不是問題的關鍵。因為他們真正表達的，是他們能夠通過何種方式實現和提升自我價值，又如何從中獲得自我滿足。客觀環境並沒有給這些男性農民工提供足夠的空間以實現他們的男性價值。前文的討論讓我們清醒地認識到，在條塊分割且僵化的社會結構中，處於底層的男性農民工往往難以通過正式途徑在職場之內中獲得自我實現的機會，亦難以獲得與處於支配地位的男性相比擬的實力。但實現男性價值的渴望仍然在發生作用，並促使他們在

工作之外找到出口。於是，我們看到了關係網絡所發揮的作用。在講究關係的中國社會，構建和調動關係網絡的能力，是個體能力的重要組成部分。男性農民工能夠通過關係網絡獲得自我滿足，並幫助他們提升對自我價值的認可。因此，儘管通過人際關係所構建和表現出的男性價值缺乏制度化基礎，但它們生動地揭示出男性農民工通過非正式途徑構建自我價值的方式。尤其當這些努力對他們在職場之內的處境也產生影響時，便對男性氣質的重建具有重要意義。而非正式途徑缺乏客觀評價標準的特點，又為男性在自我的意識世界裏構建更加接近理想化的自我形象，提供了餘地。

3.4.2 賭博：另一種「博」

2007年7月5日

　　今天是週四，是開碼的日子。每逢此時，打版[8]的阿康周圍總是聚集著很多人，因為他現在在五金部裏開六合彩單。買碼之前，人們總在三五成群地商量該買什麼碼。通過短信、碼經等不同渠道獲取相關信息。胡慶曾提到，他接過自稱來自香港的匿名電話，說是可以提供開碼信息，不過要他匯款以進行購買。但因胡慶覺得不可靠，便不了了之。阿康今天買了260塊錢的碼，其中100塊包單，還有160塊買碼。「包單／雙」是指買特碼為單數或雙數，賭注為100塊，賠80塊。到了晚上八點半多，胡慶、張林、阿萬、小昭他們都圍在阿康旁邊等待結果。但今天並沒有準時開碼，所以要等到九點半才能知道結果。這種情況之前也出現過，所以大家都有所瞭解。只是還要悻悻然地再等一個小時。

　　晚上我幫助四號機的何旺拿版，他說自己也買了10塊錢碼。不一會兒，五號機的阿鋒走到何旺旁邊低聲細語了幾句，然後就回到自己的工位。下午上班的時候，阿鋒坐在機器前，

手支在檯面上打瞌睡，組長趙鵬從他身旁經過，把他叫醒，又吼了兩聲。阿鋒睜開眼睛沒有說話，也沒做什麼反應。聽鄒慧說，前幾天阿鋒上班打瞌睡就是因為通宵打牌，結果被趙鵬扣了三個小時的加班鐘。於是我問何旺，阿鋒找他做什麼。何旺低著頭慢悠悠地低聲說：「他就說晚上打牌嘛，我說我看嘛，今天沒有取錢，我說我要是借到200塊錢，我就去嘛。」據何旺說，發工資後打牌和聚餐兩樣是少不了的。打牌主要是打炸金花或拖拉機。上個月他一個晚上輸了近300塊錢，同組的手印男工阿彥也差不多。今天晚上下班之後，看到何旺並沒有和往日一樣騎車出廠回家，而是和阿彥一同向C棟宿舍騎去，估計是和阿鋒他們打牌去了。

在沙岩廠內外，賭博之氣蔚然成風。傳統項目中的麻將和撲克，以及近些年開始流行的六合彩，是工人們主要的賭博項目。甚至於福利彩票，也被他們添加了賭博的色彩。按胡慶的話說：「要說賭的話，天天有的賭。」買六合彩被形象地成為「買碼」，每週二、四、六則是「開碼」的日子，晚上八點半左右，買碼的人常常湊在一起，等待特碼的公佈。隨之而來的，常常是失落的嘆息和激烈的討論，偶爾也伴有中獎的喜悅。玩麻將和打撲克主要集中在發工資的日子以及隨後的幾天裏，按照胡慶的描述：

你看這個月發工資了，賭博有那些人的，賭大小的都有那些，總有那些人，晚上通宵的，不睡覺的，都是在B棟A棟C棟，這幾個男生的（宿舍），反正你想找，找賭博，找打牌的話，你從A棟走一圈，走到C棟，就能找到他們，每個宿舍查一下，就能知道在哪裏賭了，你想賭就去賭，呵呵。

（胡慶，男，已婚，1974年出生）

當然，也有些賭局幾乎是每天開設的，比如絲印主任于貴家的麻將桌。儘管妻子經常表示反對，但于貴還要堅持「天天小賭」。

按他的話說，「打小的」只是為了娛樂和消磨時間，並不是真正的賭博。於是，每天都有富裕時間，每天都需要麻將來消磨：

> 反正你，你打牌嘛，像我們就是一種娛樂嘛，純粹就是度過時間，也不會說像他們打的很大，打的大的賭博嘛，打的大的傷心嘛，打小了，輸了幾十塊錢，也無所謂了，就這樣子了啊，度過時間啦。

（于貴，男，再婚，1978年出生）

　　當然，沙岩廠內的賭博並不僅僅局限於已婚男性農民工這個群體裏。無論是女性還是男性，無論是已婚還是未婚，或多或少都會參與到賭博活動之中。與男性相比，女性參與賭博的情況明顯較少，而已婚女性的參與又常常受到男性配偶的限制，因此，賭博之風在女性之中的盛行並不如男性。2007年田野調查期間，夏萍的丈夫在外賭博欠下債務。當債主到夏萍家索債的時候，她才得知丈夫欠下一萬元債務的事實，氣得連續幾個晚上不去加班。白天上班的時候，大家都能看到她哭得腫腫的眼睛。到了2009年第二次田野調查時，夏萍再次談起賭博的事情：

> 我老公買碼，我老公前年（指2007年）買，輸了一萬塊。賺過不少，自己最後又虧進去一萬，自己的本錢，那個東西害人害死了。我們前年還帳，還帳還了幾個月才把那一萬塊還清。一般都是打牌（吵架）。他打，有時間我也打，他看到我打牌了，他就開始叫了：到時間我也不打牌了，現在你都學會了，到時間兩個人賭的話，都不行了，一個人賭的話還受得了，兩個人要賭的話都不行了。

（夏萍，女，已婚，1985年出生）

　　此時的她也已經學會了打麻將，並且開始參與賭博。為此，她的丈夫常常提出激烈的抗議。在他看來，自己賭博是在容忍範圍內

的，而夏萍賭博則超越了容忍範圍，需要受到約束。男性家長擁有更多支配金錢的權力，他們常常對於妻子涉及金錢的行為進行更加嚴格的規範。

在男性農民工群體中，賭博行為的意義也有所差別。相對於未婚男性，已婚男性對於賭博意義的詮釋更加多樣。王成一家五口生活在流沙地區，包括夫妻二人、岳父岳母和剛剛出生不久的孩子。在妻子懷孕生產的過程中，他作為家庭經濟的唯一來源，承受著巨大的經濟壓力和精神壓力。在辛苦工作之餘，賭博便成為他緩解壓力的重要方式，並因此而為這種行為找到了自以為「合理」的藉口。當這種需求得不到滿足時，他心中的怨氣便難以排解：

> 那天為了賭，有時候就是小玩一下，我就跟我老媽(岳母)頂了嘴，吵了幾句。我說我從過年到現在沒玩一天，我晚上去鬥一下小地主去玩一下，就不行了？沒讓我出去，哎呀，我就生氣了，生氣飯都沒吃，沒吃，我就睡覺了。
>
> （王成，男，已婚，1976年出生）

除此之外，賭博也被賦予了「博」的意義。作為家庭經濟支柱，男性家長往往被寄希望於賺取更多的金錢。當賭博提供了一種賺錢的希望，他們便義無反顧地投身於此。胡慶不僅曾經在車間中代賣過六合彩，自己也是其中的常客。按他的話說，自己之所以賭博是因為「想發財」、「想博」。在為自己的行為尋找合理藉口的時候，他也把妻子的影響放入了其中：

> 我老婆，也算怎麼說呢，她也有可能也，她說了也不是完全的影響她，誒，影響我，是不是。那算中大了，賺二百塊錢也算中大了？誒，中六百塊錢，那也算中嗎？呵呵，我說要中多少啊？人家一中就幾千上萬的。哦，那我搞大，要是輸了，你又怪我。就是說有時機會來了，我就博一下，結果有時候也輸。
>
> （胡慶，男，已婚，1974年出生）

在「敢博才有錢賺」這種想法的驅使下，賭博行為容易發展到難以收拾的境地。到2007年8月，由於賭六合彩，胡慶已經將2006年12月到2007年6月的七個月工資，除日常基本開銷以外，全部輸掉。對於靠著打工賺錢養家的農民工來說，這是一筆不小的數目。然而，抱著博一博的想法，多少人賭博成癮而傾家蕩產。十賭九輸的教訓並沒有幫助沉迷於此的人清醒地認識現實，相反，他們認為「敢博才有錢賺，你越膽小你越賺不到錢」。因此，當賭博被當作賺錢的途徑時，它也更加容易獲得理解和接受。

「博」這個字在已婚男性農民工的講述中常常被提到。從第一次踏上未知的打工之路，到試圖跳槽到陌生的工作環境，再到參與以至沉迷於賭博，他們都賦予這些實踐「博」的意義。每一次「博」都是在現實處於困境的狀態下所作出的應對，同時也體現出男性渴望改變和勇於冒險的精神。這些嘗試能夠給他們帶來改變現實的希望，同時也伴隨著難以預知的風險和不確定性。與其他嘗試有所不同的是，賭博並不是一種正當、合法、值得提倡的行為，也需要從心理、行為和社會等不同層面進行更加深入的探究。但它同樣在很大程度上彰顯出，男性農民工在渴望金錢和改變命運的驅使下所表現出來的、充滿冒險精神的男性氣質。

自踏上打工之路起，男性農民工的遷移實踐便充滿了改變生活處境、探尋不同生活圖景的意義。身在城市和工廠之中的他們，從未隔斷與農村社會和家庭的聯繫，而農民工身份又與男性身份、家長身份統一於已婚男性農民工的主體之中。在城鄉結構與階級結構的壓迫下，農民工的身份並沒有賦予他們足夠的能力去對抗制度中不合理的安排，但是男性的身份和家長的身份卻持續地激勵著他們實現自我價值的渴望與嘗試。通過日常工作和人際交往等一系列社會實踐，他們不斷地對工廠體制進行挑戰，但往往難以實現自我所期待的價值和認可，亦難以完成對農民工身份的認同。儘管如此，城市之中未獲滿足的挫敗感並沒有阻撓他們繼續為工作和生活所進

行的拼搏。與新生代農民工不同，老一代農民工少了些「留不下城市，回不了農村」進退維谷的尷尬。男性家長與農村家庭之間緊密的聯繫，一直為他們保留著生活軌跡中的另一扇門，而這也成為他們繼續追求生活渴望、構建自我價值的重要途徑。除此之外，在工作之餘的努力，無論是關係網絡的構建還是渴望金錢的冒險，都能夠幫助他們獲得精神上的滿足，並重塑男性價值。已婚男性農民工在城鄉遷移過程中的經歷與體驗，是他們與社會結構所進行的互動，亦是這些互動所產生的不同結果。農民工身份的認同因遭遇著各種各樣現實中的阻礙而難以實現，但男性家長的身份卻始終是他們個體身份中最為核心和關鍵的構成。遷移過程是他們男性氣質轉變與重塑的過程。在這樣充滿壓迫與抗爭、渴望與嘗試的過程中，這些男性對他們的性別身份進行著認識與再認識、建構與再建構。

註　釋

1　在沙岩廠內，對於自己所在部門的直接上級，底層員工的稱呼並不以其職位為準，而是稱之為「老大」。

2　約翰・奈特和琳達・岳（Knight & Yueh, 2004）指出，該調查所收集的城鄉移民工人數據並不能代表全部移民工人，因為它是基於城鄉遷移家庭樣本中的移民工人而獲得的，而未能將居住於工作場所和宿舍的移民工人納入到調查之中。未能納入到調查範圍的移民工人的工作長度和轉換頻率高於調查範圍內的移民工人，可見，該數據低於全體城鄉移民工人的平均流動率。即便如此，移民工人與城市工人遷移率之間仍呈現出顯著差異，故以此來佐證該觀點。

3　受訪者信息分別於2007年和2009年二次田野調查收集而得。其年齡、遷移時間和在廠時間等涉及時間的個人信息，分別以其調查時間為準進行統計的。例如：張林出生於1981年，調查時間為2007年，在統計其年齡時，計為26歲；徐軍於2001年進入沙岩廠，調查時間為2009年，在統計其在廠時間時，計為8年。下文亦同。

4　蔡玉萍和彭銦旎（Choi & Peng, 2015）指出，2003年之後珠江三角洲地區遭遇了勞動力短缺的問題，並根據2007年在流沙地區所進行的田野

調查，討論勞動力短缺背景下資本管理策略的改變與影響。儘管2008年金融危機之後，勞動力短缺情況有所改變，但對於年輕女性的用工需求依然存在。

5　在流沙地區，六合彩作為一種主要的賭博方式十分普遍，被稱之為「買碼」。2006年，胡慶幫助廠外的六合彩莊家在車間內開六合彩單，也就是「賣碼」。每週三次開碼，每開100元單，他可以獲得10%的提成。於是，成為胡慶一份不菲的額外收入。

6　轉引自 Blake E. Ashforth and Fred Mael (1989), "Social Identity Theory and the Organization," *The Academy of Management Review*, 14(1): 20–39。

7　參見：http://www.businesstimes.com.hk/a-20100310-60152/1268212491。

8　「打版」指絲印流程中負責製作樣版的工作。

第四章

平衡不平衡

已婚女性農民工的家庭與遷移

　　隨著城鄉遷移的不斷深入，通過外出打工而獲得的經濟收入已經成為許多農村家庭必不可少的收入來源，以至於作為妻子和母親的農村女性也不斷地加入到遷移的浪潮之中（Fan & Wang, 2008）。相比於農村男性和未婚女性，已婚女性更晚加入城鄉遷移，這在很大程度上與她們的家庭分工和責任密切相關。作為妻子和母親，她們的價值更多地體現在家庭領域，這是傳統性別觀念和家庭制度對女性的期待和規範。然而，當夫妻二人在城市共同打工成為一種將勞動力資源最大程度地用於賺取城市工資的家庭經濟策略（Fan, 2011），意味著現實條件難以為傳統性別角色的維持提供足夠的物質基礎。但這並不意味著，當她們作為收入來源之一負擔起家庭經濟責任的同時，可以相應地抵消她們在家庭照料方面的責任。正如許多雙職工家庭一樣，女性在外出工作之餘，仍然要承擔大部分的子女照料和家務勞動（Hochschild, 2012）。也就是說，已婚女性往往需要兼顧家庭與工作，並承擔著「雙重負擔」。

　　然而，城鄉遷移帶來外出打工者與農村家庭空間上的分離，導致已婚女性在留守家庭成員日常生活照料中的「缺位」。儘管如此，空間上的分離無法割斷她們與家庭之間的聯繫。在這種分離與聯繫

並存的狀態下，她們的遷移經驗無可避免地受到家庭環境和關係的重要影響。身處城市和工廠的已婚女性，不僅僅生活在城鄉二元結構和工廠等級體系的框架之下，同時也受到家庭結構和性別規範的影響，而家庭結構又是和性別結構交織在一起發生作用的。無論農村已婚女性在婚前是否有過打工經歷，當她們以新的家庭身份開展城鄉遷移時，其遷移所具有的意義將發生重要轉變，並呈現出與以往不同的遷移圖景。伴隨著遷移實踐的展開，她們的生活內容發生了改變，同時也改變著她們在家庭中的角色和位置，並進一步挑戰傳統性別規範對女性的束縛。在探討已婚女性遷移實踐與性別結構、家庭身份之間的互動時，首先需要從她們在農村社會的生活處境開始理解。

4.1 女性在當代農村的處境

新中國的成立是中國女性解放進程中一個重要的轉折點，國家介入到女性的生活領域，並重新塑造她們的地位與命運。羅麗莎（Rofel, 1994）指出，1949 年以前，務農或者工作的女性在人們的眼中僅僅比妓女稍強一些；而 1949 年以後，女性則被視為工人階級中的一員。儘管女性就業所蘊含的意義已經發生了很大變化，但這並不意味著她們獲得了與男性同等的機會和身份，也不意味著她們的社會和家庭地位由此也發生了根本性的轉變。在追求性別平等漫長而複雜的過程中，無論國家的立場是否始終如一，其所調動和發揮的推動力都不無保留。在權衡優先次序之後，性別平等往往被置於階級鬥爭或經濟生產的目標之後，女性則扮演了勞動後備軍的角色，根據政治和經濟的需要進入或退出生產領域。即使在當代中國，她們依然沒有完全擺脫傳統性別秩序的束縛，在農村社會表現得尤為鮮明。

4.1.1 夏萍：女兒的命運

1985年，夏萍出生於河南省周口市一個普通的農村家庭。改革開放的步伐正在邁進，以鄧小平為核心的領導階層倡導日常生活的非政治化、經濟實用主義、生活水平的提高以及均衡的經濟增長（Jacka, 1997: 40）。在農村社會，家庭聯產承包責任制逐步建立，人民公社解體並被鄉鎮政府取代，計劃生育政策在全國範圍內實施。這一系列劃時代的改革舉措推動著中國農村的巨大變化，並逐步改變著當代農村的基本面貌。然而，當這些變革需要從經濟、政治領域逐漸延伸至文化、生活領域，當這些影響需要從社會、公共領域滲透到家庭、私人領域，它們便需要經歷更多的挑戰和更長的時間。因此，嶄新的時代並沒有在夏萍性別化的成長過程中留下鮮明的印記。作為一個傳統農村家庭中的第三個女兒，她的命運深受傳統性別觀念的左右。

如同那個時代的許多農村家庭一樣，夏萍的家庭並不富裕。物質的匱乏在她的記憶裏留下了深刻的印象，白麵饅頭成為童年飯桌上少見的奢侈品：

> 以前我記事的時候都沒吃的，天天吃玉米麵，吃玉米麵，哇，吃的都想吐，看到那玉米麵都反胃，就那個黃黃的餅，你應該都沒見過玉米餅，黃黃的，吃了粗糙的很，那個喉嚨痛。平常來，一說走個親戚啊幹嘛，要吃好麵，吃白麵饅頭，哎呦，一說來個親戚啊，我們，我媽都要做那個白麵饅頭嘛，我跟我弟弟，我們幾個，偷偷的拿進去一兩個，藏一個地方，在那裏偷偷地吃。

> （夏萍，女，已婚，1985年出生）

然而，窘困的家庭經濟狀況和嚴厲的計劃生育政策並不能阻斷夏萍父母對兒子的渴望，這種渴望在農村社會中被認為是理所當然

的，並且得到了普遍的認可。夏萍曾表示：「在農村，小孩就要那麼多，沒兒子的話也不行，人家瞧不起你。農村也不說瞧你瞧不起，農村你看，想那些體力活，開車啊耕地啊，沒男的還是不行。」兒子，不僅承載著農村家庭的名譽與聲望，而且成為不可缺少的勞動力資源。終於，在一次次嘗試和一筆筆罰款之後，夏萍的弟弟在她出生一年之後也降臨到這個家庭。而父母對於兒子持續的渴望，則是在第五次嘗試以不盡人意的結果收場之後才得以擱置。於是，這個家庭擁有了四個女孩和一個兒子。

在五個孩子之中，夏萍既不能因性別而享受足夠的重視，也不能因出生次序而獲得些微的優勢。在對家庭資源進行分配時，弟弟享有絕對的特權。其中，明顯的例子最先體現在家庭對於子女教育的投資上：

> 剛一開始讀書的時候，是我弟弟先讀書的。我弟弟讀了一年，那時候重男輕女，哪裏讓我讀書呢。我弟弟先讀的，他讀了一年，我就死活非得讓我去讀書。我爸説沒錢，我説他有錢，叫我讀書就沒錢，我偏要去。那時候上小學的時候，一年級的時候，才交二十五塊錢的學費啊，就給我交了二十塊錢，那時候我真的好氣啊，人家都發那些數學本啊，小字本啊，都發很多嘛，我都沒有，我都用人家舊的，用我姐姐，我弟弟用過的舊的，翻面寫。

> （夏萍，女，已婚，1985年出生）

在家庭經濟條件有限的情況下，資源的分配並不是以需求為線索，而是以性別為依據。夏萍對於上學有強烈的渴望，而弟弟卻並不感興趣。然而，父親卻依然選擇以兒子的教育投資為優先。子女間不平等的待遇是顯而易見的，也是根深蒂固的。由於弟弟的學習成績不理想，以至於他的小學一年級連續讀了三年。儘管如此，並不富裕的家庭依然堅持供他讀書，直到初中二年級。與之相比，女

兒的學習機會便受到了極大的限制。在夏萍與父親據理力爭之後，她才有機會步入學校的大門，但也僅僅止步於初中第一個學期。父母為了唯一兒子的前途不斷地支付留級的費用，為了再生一個兒子而甘願交納1,000元的罰款，卻不願意為夏萍繳滿區區25元的學費。可見，農村家庭「重男輕女」的觀念和實踐並沒有隨著時代的進步而發生改變。

　　新遷移經濟學提醒我們，遷移並非行動者的個體決定，而是其所在家庭的集體策略。通過多元配置家庭資源，某些家庭成員參與到當地的經濟活動中，而其他成員則通過遷移參與到其他的勞動力市場。可見，家庭在分配勞動力資源的問題上是一個重要的決策主體 (Stark, 1984; 1991; Stark & Bloom, 1985)。離開學校之後，夏萍的兩個姐姐先後外出打工。由於家務繁重，加之爺爺奶奶年事已高，夏萍則被安排留在家中料理家務。母親給她的工作是放羊。然而，一個十五六歲的姑娘在家中放羊，不免會引來同伴的嘲笑。一年之後，禁不住嘲笑的夏萍也要求離開家鄉，開始外出打工的歷程。同樣是退學之後，夏萍的弟弟既沒有像大姐二姐一樣外出打工，也沒有像三姐一樣在家務農，而是到堂哥的修理店學習修理摩托車的技能。之後，在爸爸和爺爺的經濟支持下，弟弟承包了堂哥的修理店，開始了自己的生意：

> 他要接下來，我爸說怕賠本嘛，農民啊，你看那個錢也不好掙，我弟弟又那麼小，16歲在街上面做生意，根本行不通的。我弟弟就說，你給我扎一萬五千塊錢的本，都是賠了的話，到時間我出來打工，回來還給你。我爸就這樣說，我爸就給他一萬五，我爺爺給了三千，一萬八接下來的。那時間光修嘛，修了差不多兩年，生意也可以賺錢，就說賣摩托車嘛，……越做越好現在生意。

> （夏萍，女，已婚，1985年出生）

　　如今，弟弟已經結婚，妻子同在家鄉開店鋪做生意。在夏萍五個兄弟姐妹之中，弟弟是接受教育時間最長，擁有專業技能最多，沒有打工經驗，唯一留在父母身邊，也是目前生活條件最好的孩子。同一個家庭中的兄弟姐妹，自出生之日起便開始經歷不同的人生。而夏萍的經歷在受訪者中並不是特例，很多農村女性的成長過程中都有著類似的遭遇。例如同樣來自河南的苗華，她的哥哥也是兄弟姐妹五人中唯一讀大學的孩子；而來自廣東的袁香，她的弟弟則是唯一留在父母身邊且生活條件最好的孩子。由此可見，在資源有限的情況下，不同地區的農村家庭對於女兒和兒子的教育和培養作出了不同的安排，也進一步刻畫他們不同的人生命運。

4.1.2 締結婚姻

　　在農村社會，婚姻是女性被納入到社會秩序之中的必經之路（Jacka, 2006: 44）。儘管現存的社會秩序並不以她們的利益為優先，但婚姻能夠在秩序之內為她們提供一個得到認可的位置，並且幫助她們獲得新的人生軌跡。婚姻家庭對於她們的自我認同、勞作模式以及社會關係等方面都產生重要的影響（Jacka, 1997: 54）。不難想像，締結一門令人滿意的婚姻，對於每個農村女性來說都具有重要的意義。有受訪者把婚姻當作自己的「第二次投胎」，正如陳燕所說的：

> 比如說你女孩子什麼都不會幹，比如說有的是命好的，嫁的那個家庭，不用幹事的還好嘛；嫁得不好的，你你你自己吃，那你不去幹事啊種田啊種菜，你不要去學啊，什麼都要學，是吧，這樣子嘛。反正結婚後，反正女的，人家有的人說，結婚後是那個女的第二次投胎吧，選得好呢，整個輩子選得好，第一次有的人說不好，第二次選得好了，就幸福，選得不好呢，還要比上輩，上一輩難過辛苦，就是這樣子。
>
> （陳燕，女，已婚，1972年出生）

　　由相親到結婚，這種「新式包辦婚姻」至今仍然是農村社會主流的婚配模式。它通常是男女雙方在家長的授意下，經由親友或媒人的介紹，通過雙方見面和互動進一步確定戀愛和婚姻關係的一種婚配模式，其本身具有明顯的婚姻導向。儘管婚姻的選擇關係到女性未來生活的幸福，但相親實踐並沒有因此而給予她們充分的選擇空間和時間。相親對象需要通過熟人網絡介紹，又囿於地域上的限制，選擇空間被大大地縮小。相親能否成功主要取決於男女雙方家庭和個人條件是否般配，而不強調感情的日積月累，因此在很大程度上縮減了整個過程所需要的時間。從相親到訂婚，往往可以在短短幾天的時間內完成。例如，衛芳在2004年農曆正月初七相親，到了正月初九，男方為她購買了一對黃金耳釘、一對白金耳釘和一身新衣服，這就標誌著他們兩人的訂婚。

　　與時間上的倉促相比，結婚對象不盡如人意更加困擾待嫁的農村女性。雖然不同於包辦婚姻中的「盲婚啞嫁」，但相親模式也沒有賦予女性在結婚對象選擇上完全的自主權，而她們所作出的決定，也不同程度地受到了來自婚姻文化、社會和家庭直接或間接的壓力。陳燕是1998年與丈夫結婚的，直到2009年進行訪談時，她已經結婚11年，並且育有兩個兒子，一個9歲，一個7歲。然而，當年她對於丈夫的不滿意以及家人的勸婚，仍然記憶猶新。回想當時的情境，「我好煩」和「沒有人幫我」成為這個37歲女人最深刻的記憶。她憤憤地說：

> 本來我的心情怎麼說呢，我老公不是我喜歡的那種，那種的，真的說實在的，現在說實在的。……後來，哎呀，我媽也說，我大哥也說，我好煩啊，那時候沒心情了。本來怎麼說呢，我又不喜歡那那種那一種，我好煩啊，我心情好煩，我現在真的好煩，又沒人幫忙我，哎呀，我好煩，沒有人，沒有人幫我說，也沒有人，怎麼說呢，我好煩啊，沒有人幫我。後來，後

來人家結婚了，到時候反過來怕人家說他嘛，哎呀，真的，我
好煩的，我想不是我心裏喜歡那種。後來，我媽也説説説，你
年紀也這麼大了，哎呀，本來過得去就行了嘛。後來我蠻生氣
的，後來她説説説説得我生氣了，我説哎呀答應了，這樣子，
説氣話的，那時候我生氣嘛，我説到時候，我説不好了我就説
你，就我媽，我生氣了。

（陳燕，女，已婚，1972年出生）

在文化規範和家庭期待的作用下，農村女性邁出了進入婚姻的
步伐。儘管訂婚並不具有法律效應，但作為地方婚俗的重要組成部
分，仍然對於男女雙方均具有較強的約束力。「嫁女兒」對於農村家
庭的重要性遠不及「娶媳婦」。相應地，男方家庭往往在訂婚到結婚
的過程中掌握著更大的主動權，這在受訪者姚玲的結婚安排中得以
充分體現。訂婚之後，儘管姚玲還沒有結婚的打算，但由於未婚夫
的姐姐即將出嫁，為了保住姐姐名下原有的土地，她不得不在婆家
的要求下及時結婚：

那時候説要辦結婚證啊什麼的，但是我沒打算要辦結婚證。他
怎麼説，那邊他姐結婚了，他們的地，他姐的地要我，好像他
有兒子的話，兒媳婦剛好接住，別人收不走了。就是説，這個
地，他姐的地，她結婚了嘛，她結婚了要把這個地收走。……
我婆婆那邊説剛好訂婚一年了，就是説把這個地不要給別人，
到時候反正又要結婚又要分地嘛，不知道等到什麼時候再分回
來，就是説辦個結婚證就可以把那個地收回來了，就不用分給
別人了。

（姚玲，女，已婚，1977年出生）

對於新婚女性來説，新的家庭環境是陌生的。儘管通過媒人的
介紹和雙方的接觸，女性對男方家庭會有基本的瞭解。但是，由於時
間的倉促和接觸的不夠深入，她們對這個新家庭的全面瞭解往往是從

結婚之後才開始的。另一方面,相對於其他家庭成員來講,兒媳婦在某種程度上被視為「外人」(Jacka, 1997: 54)。在還未正式成為家庭成員之前,又出於促成婚事的種種考量,男方家庭往往會對女方有所保留,特別是在家庭狀況不盡如人意的情況下。衛芳與丈夫是通過親戚介紹而相識的,衛芳姐夫的姑姑是其丈夫的嬸嬸。不知是基於信任還是過於疏忽,衛芳在訂婚之前並未對未婚夫的家庭情況進行細緻的瞭解。直到結婚之後,才逐漸瞭解夫家真實的經濟狀況:

> 要讓別人看起來,誰都不說他們家說是那種欠了有多少多少錢的那種人家。房子他們家房子新蓋的,連大門帶正房帶偏房一共是七間房,全部蓋起來了。然後了,我公公也上著班,一個月也有一千多塊,她妹妹也在這邊,也差不多一個月有一千塊錢吧。我老公自己還開了一個店,你說一見就這四口人哦,四口人有三個在掙錢,誰都不會說他家沒錢。但是有沒有錢都是只有他們自己家人知道,他絕對不可能對外人說他自己欠了多少多少錢吧。

> (衛芳,女,已婚,1982年出生)

締結婚姻是農村女性生命歷程中極其關鍵的轉折,對她們具有重要的意義。通過第二章的討論不難發現,它對於男性同樣具有重要的意義。只是,這兩種意義之間既有相同之處,又存在性別化的差異。婚姻對於男女兩性來說,都是他們步入成年的標誌,從原生家庭進入他們的婚姻家庭。然而,由於性別秩序在婚姻家庭之中表現為兩性在家務勞動分工、家庭權力關係和夫妻情感依賴之間的等級關係,因此婚姻對於他們的意義並不盡相同。男性通過婚姻獲得了男性家長的身份和地位,為他們在私人領域內享受男性特權提供了制度保證。而女性在婚姻中所獲得的,更多的是依賴者和附屬品的身份,並沒有因此而得到充分的賦權。所以當她們以「第二次投胎」來形容婚姻對她們的意義時,其中充滿了被命運擺佈的意味。

時至今日，農村地區的婚戀模式仍然以相親為主，並通過相親、訂婚和結婚等不同儀式串聯起整個過程。女性在這個過程中能夠發揮多大的自主權，並在多大程度上能夠締結令自己滿意的婚姻，將直接影響她們之後的婚姻生活。相親模式介於包辦婚姻和自由戀愛之間，是婚戀模式從傳統到現代的過渡。女性的自主權與以往相比有所提升，但仍然受到限制。所以我們看到的是，現實中既充斥著無奈和矛盾，也伴隨著希望與喜悅。無論如何，女性的生命歷程都將進入了一個新的階段。婚姻家庭賦予她們身份與責任，結合日常生活中的實踐，勾勒出其未來生活的基本輪廓。

4.1.3 多重身份：妻子、母親和兒媳

在中國農村，從父居和父系繼承的傳統習俗導致了男性與女性生命歷程中最大的區別，即男性在原生家庭向婚姻家庭的轉變中基本保持了家庭環境的統一，而女性則要經歷從娘家到婆家的根本性改變。在原生家庭中，她們作為女兒，在沒有受到足夠重視的同時，也不被賦予過多的期待。嫁入婚姻家庭之後，她們的身份和責任都隨之發生改變。這不僅標誌著她們成人身份的開始（Pun, 1999），也意味著她們必須承擔起相應的責任。如果說傳統性別規範對於男性家庭責任的期待是養家糊口的話，那麼它對於女性家庭責任的期待則是成為賢妻良母。在此種規範之下，作為妻子，她們需要服從並輔助丈夫；作為母親，她們需要養育和照料孩子；作為兒媳，她們需要孝順和贍養公婆。

家庭勞動分工：在勞動分工的問題上，男性總是享有比女性更多的控制權，例如他們集體選擇不去照料子女，這就反映出男性霸權對於男性興趣的主導性界定，從而也幫助他們維持統治權（Connell, 1987: 106）。在農村社會，體現性別秩序的分工模式「男主外，女主內」依然得到廣泛地實踐，家務勞動主要是女性的勞動範

疇。根據中國婦女社會地位調查的數據，2000年農村女性平均每天的家務勞動時間達到266分鐘，儘管到2010年下降到143分鐘（全國婦聯、國家統計局，2011: 15），但這並不是由於兩性在家務勞動中進行了重新的分配，因為男性的家務勞動時間在十年之間，始終僅佔女性家務勞動時間的35%。

當然，「內」與「外」之間的界限也會隨著現實情況的改變而不斷地變化和調整。但變化趨勢則表現為，女性的勞動範疇一步一步地向外延伸，而其原有的內部邊界卻沒有縮小。當她們與男性一同參與到外出打工的外部勞動過程時，傳統意義上諸如照料子女、贍養老人和操持家務等工作，仍然被認為是她們的責任。男性農民工張林與妻子原本同在沙岩廠五金部工作，婚後兩人共育有一兒一女。於是，妻子不得不選擇辭工，並留在家中照料孩子；而張林則繼續留在工廠工作，養家糊口。面對妻子的處境，張林是這樣評價的：「這個事走到自己身上來，帶不了也得帶嘛。她有時候很煩的帶的，事到了她身上了，你沒辦法，呵呵，丟不掉嘛，不帶也不行嘛。」與在工廠上班相比，照料兩個孩子的工作並不輕鬆。但這作為妻子和母親不可推卸的責任，所以無論是否艱難，她們都必須予以承擔。

家庭內部的性別分工並非只得到了男性的認可，農村女性也在成長過程中將傳統性別規範與性別分工內化於自身。即使辛苦，女人也必須承擔女人應盡的義務，相信這並不只是蘇珍一個人的想法：

> 你看我們河南那男的畢竟好懶，洗衣服做飯就是女人的活兒，他都不做，他不願意幹那些家務活，就是我來幹。……做女人那是義務啊，你不做也沒辦法啊，那畢竟是作為女人都得要做那些家務事啦。本來我生的家庭不同，那你剛剛開始是有點毛躁，那時間久了畢竟是，是不是，做這樣的事情，你再毛躁，也是做這樣的事情怎樣。做女人，反正成立一個家庭真是蠻辛苦的，那辛苦也必須要去面對啊。
>
> （蘇珍，女，已婚，1977年出生）

通過建構有關勞動性別分工的信仰，男性以社會經濟勞動為主、女性以家務勞動為主的性別分工得到了普遍認可。然而，勞動性別分工的意義並非只在於通過家庭成員之間的分工與實現對家庭勞動的合理安排。當男性的外部勞動和女性的內部勞動分別與有償勞動和無償勞動相掛鈎之後，女性家務勞動的價值被嚴重地低估，兩性之間的勞動合作被巧妙地掩蓋，更促進了女性在公共就業領域的邊緣化狀態。男性的有償勞動成為家庭經濟收入的主要來源，進一步鞏固了他們在家庭之中的支配權和統治權。

男性權力：當代中國農村依然籠罩在父權制的陰影之下，性別體制與不同社會制度相互作用，維持和鞏固了男性在公共領域與私人領域之中的特權。而公共領域與私人領域也並不是割裂的，男性權力在不同領域之間彼此滲透和延伸。男性在婚姻關係中凌駕於女性之上的地位與權力不僅受到婚姻家庭制度的保護，並且得到諸如勞動就業制度、土地分配制度、財產繼承制度等一系列社會制度的支持。在婚姻家庭之中誰做決定，誰服從，誰控制家庭資源的分配，誰以暴力維護自己的地位……這些都成為彰顯權力的重要方式。農村男性在這些方面所擁有的主導權，體現在家庭生活的日常互動之中，並通過不斷的實踐得以生產和再生產。在之前的論述中，男性家長的權力已經得到充分而細緻的體現，在此就不再贅述了。

兒媳的隱忍：家庭關係的處理是家庭生活中重要的組成部分。農村女性以「外人」的身份進入到婚姻家庭，需要面對和處理的人際關係較為複雜。除了夫妻關係之外，最為重要的便是她們與公婆之間的關係。能否妥善處理家庭關係，對她們日常生活的影響既直接又重要。結婚之後，陳燕便逐漸認識到這一問題的重要性。正如她所說：

> 結婚過後呢，你看一個家庭呢，又負擔家庭的事，還有處事，還有懂得處理那個人和人的關係。我剛開始，我剛開始去的時候，我也不懂這樣的關係。哎呀，慢慢地，才知道這樣的關係

好重要的，真的是。處理的不好真的不好了，自己那時候真的
是，反正也不是一個人好懂的那樣子，處事的方法嘛。

（陳燕，女，已婚，1972年出生）

通常，具有勞動和經濟能力的公公仍然在擴大家庭中扮演著一
家之主的角色，這是性別關係與代際關係相互作用的結果。他們的
權威不僅體現在與妻子的關係中，而且通過代際傳遞體現在與子女
的關係中。按照陳燕的説法，婆婆對公公言聽計從：「那個家婆她
也聽他的，聽她老公的，她好聽老公的，什麼事，比如説她老公同
意的事，她沒得反對，她也同意，她老公反對的，她也不敢答應，
她好聽老公的。」在公公與兒媳的關係中，一方面受到代際關係的
影響，體現為長輩相對於晚輩的權威；另一方面也圍繞性別秩序而
展開，體現為男性相對於女性的權威。因此，在代際與性別的雙重
作用下，公公的權力得以強化。在方梅的婆家，無論公公是對還是
錯，所有事情都要遵照他的吩咐，否則將會導致家庭矛盾的出現。
因此，方梅也感到了前所未有的壓力：

（公公）脾氣是好大，蠻大的脾氣。因為，因為他感覺到他有點
本事吧，我自己這樣想的，不知道他是不是這樣想的。我感覺
到好像他不用我們擔心他什麼，好像他認為他自己的本事比我
們大一點吧，好像是我們沒什麼本事那樣，說話老是說我們，
不知道他意思，他意思是想我們好一點，讓我們盡量去做好一
點，不過他沒有感覺到我們是真的盡我們的能力了。

（方梅，女，已婚，1974年出生）

在家庭生活中，婆婆和兒媳因同為女性而被局限於相同的活動
領域，也因此而產生緊密的聯繫。貝克爾（Baker, 1979: 43）曾指出，
在中國農村，女性婚後與婆婆的關係將主導她們的生活，其重要性
即使沒有超越，至少也等同於她們與丈夫的關係。婆媳關係之所
以如此重要，主要是由於：一方面，婆婆憑藉家長身份在家庭「內

部」領域獲得權威，能夠對兒媳的日常活動進行支配和監督；另一方面，女性往往是作為家務勞動者與家庭發生聯繫的（Jacka, 1997: 54），而婆婆則能夠在共同的勞動領域中為兒媳提供直接的幫助。即使生活中難免發生摩擦，但清醒地認識和妥善地處理婆媳關係，對已婚女性的生活具有現實的意義。夏萍則道出了其中的緣由：

> 你跟她(婆婆)計較那麼多，計較那麼多幹嘛，小孩給你帶著，可以啦。只要能給你帶小孩，什麼事，沒病沒什麼的，還可以啊。等把她氣病了，你還要給她出錢看病，小孩沒人給你帶，村上人還説你。
>
> （夏萍，女，已婚，1985年出生）

由以上討論可以發現，婚姻家庭中的新身份給農村女性無論在生活內容、家庭關係還是家庭責任上都帶來了巨大改變，也使得她們感受到不曾有過的負擔和壓力，如同姚玲所説的：

> 像結了婚以後就有了點負擔了，有小孩啊家裏面啊，如果説你看越想越多，到以後小孩上學啊，像那些公公婆婆不能做事，老了，不還是要指望你們啊，是不是。現在不掙一點，到時候哪裏有那麼多錢，用錢的地方好多啊，上學都好像都頭痛，呵呵。真的，像現在上學一般的那些，只要他們上就要供用他們，是吧。如果説供養不起的話，那不是太可惜了。現在越想越覺得負擔好大的，那時候沒結婚之前就覺得沒什麼負擔嘛，就自己吃飽了就可以了，家裏面也不需要你什麼，負擔什麼責任就那樣。結了婚就不同了。
>
> （姚玲，女，已婚，1977年出生）

這些壓力來自妻子身份的延伸，有的來源於對子女的義務，有的來源於對公婆的責任。儘管婚姻所帶來的壓力並非只局限於女性，研究也發現婚姻同樣給男性帶來物質和精神上的壓力，但是它

在權責的匹配上對於兩性具有不同的意義。同樣因締結婚姻而獲得成人身份，男性因此而獲得了相應的男性特權和利益，女性卻沒有，但她們需要背負無可推卸的家庭責任與義務，從而表現為已婚女性權責不對等的現象。性別結構與婚姻家庭制度相結合的產物，是女性受壓迫的重要表現。

4.2 遷移：性別秩序的延續還是反抗？

隨著經濟的發展和時代的變化，儘管許多人仍然擁有很多傳統的性別觀念，但已經缺乏可以讓他們擁抱這些傳統觀念的現實基礎。再不是所有的男性都有能力獨自承擔家庭的經濟責任，也不是所有的女性都只須負責打理家庭的內部事務。「男主外，女主內」的分工模式在被不斷賦予新內涵的情況下，在農村社會中得以維持和複製。與此同時，農村男性和女性關於工作模式的選擇又與家庭生存和發展策略緊密地聯繫在一起，並表現為家庭成員之間的合作與互動（Jacka, 2006: 59）。於是，越來越多的已婚女性也參與到城鄉流動之中。

4.2.1 遷移歷程的中斷

外出打工對於許多農村已婚女性來說，並不是陌生的。因為她們在結婚之前大都擁有打工經歷，而那些早期的遷移歷程往往由於返鄉待嫁或結婚生子而中斷。從表4.1可以看出，除蘇珍之外，所有受訪的已婚女性都在結婚之前有過或長或短的遷移經驗。從結婚到再次外出打工，也經歷了2年至12年的間隔。她們之所以在婚後不再繼續打工，不僅僅是由於嫁為人婦，更重要的則是即將成為人母。傳宗接代是農村家庭最為重要的功能之一，結婚和生子在農村社會往往是緊密相連的重要事件。表4.1亦顯示，已婚女性都是在婚後至多2年之內，便生育其第一個孩子。

表4.1：受訪已婚女性重要生命事件的年份列表

代稱	第一次遷移	結婚	第一胎出生	婚後第一次遷移	進入沙岩廠[1]
陳燕	1988	1998	2000	2005	2005
夏萍	2001	2004	2005	2007	2007
方梅	──[2]	1996	1997	2008	2008
馮春	1999	2000	2001	2002	2005
袁香	2000	2006	2006	2008	2009
毛娜	2002	2005	2006	2007	2007
鄒慧	1996	2004	2005	2006	2006
姚玲	1996	2000	2002	2006	2006
蘇珍	2003	1996	1998	2003	2007
衛芳	1998	2004	2005	2006	2006
苗華	1993	1997	1997	2001	2005

據受訪者反映，訂婚之後結婚之前的性行為在農村社會並不罕見，受訪女性中的鄒慧、衛芳，以及男性中的胡慶、張林、徐軍，都有過類似的經驗，而她們以及他們的妻子也都是在結婚之前便已經懷有身孕了。鄒慧道出了其中的緣由：

> 他結婚，他出來我都沒出來了嘛，在家裏帶小孩。因為我結婚的時候都有小孩了嘛。因為我婆婆那時説，她就説嘛，有小孩結婚好一點，就像怕于貴那樣的嘛，你看他老婆不會生育的話，還不是要離婚，到時不好。其實現在這些人好像沒結婚同居的話是件醜事，其實對農村那些老年人都懂，其實根本就不是件醜事。因為我感覺到這樣也好，萬一對方哪一個沒生育的話還可以分開。

> （鄒慧，女，已婚，1979年出生）

　　可見，婚前性行為為婚後順利完成傳宗接代職能提供了有效保障。因此，大多數女性往往在結婚之前便停止了外出打工的活動，留在家中待嫁或待產。相對而言，農村男性基本不需要因為結婚而中斷打工歷程，從而保持了他們遷移歷程的連貫性。訂婚之後，鄒慧和未婚夫一起來到流沙地區打工。為了籌備11月的婚禮以及在家中待產，鄒慧自當年9月便回到家鄉，而未婚夫只請了十天假回家結婚。

　　大多數農村女性都選擇回到家鄉生育子女，一方面是由於工廠未能為她們提供適宜生育的工作環境。2007年，沙岩廠五金部位於一棟四層廠房的底層，生產車間主要採取開放式佈局。由於絲印組和銘版組對於生產環境具有特別要求，這兩個生產單位擁有相對獨立的生產空間。除此之外，其他生產組都共處於開放的空間之內。當我初次進入車間時，就感受到了震耳欲聾的機器噪音。每位在這個空間內工作的員工，無論是否負責操作機器，都獲發一對耳塞以便減少噪音在工作過程中帶來的干擾。相對獨立的絲印組和銘版組，其生產環境也並不理想，因為它們都從事印刷工作。印刷的特點導致了工作環境中彌漫著油墨的氣味，其中部分化學材料甚至是有毒物質。也正因為如此，在這兩個生產組工作的員工每月都獲發50元的消毒費。可想而知，噪音和有毒氣體都會對孕婦和胎兒的健康構成極大的威脅。據說，懷孕期間仍堅持工作的包裝組女工阿榮曾經有過兩次流產的經歷，並且多次在工作場所內暈倒。

　　另一方面，農村女性也難以在城市中獲得適宜生育和撫養孩子的生活環境。儘管在廠外住宿的農村夫妻能夠擁有獨立的生活空間，但出於經濟考慮，他們租賃的房間往往十分狹小。2007年田野調查期間，鄒慧曾邀請我到她家作客。那是一間獨立的套房，除了房間之外，還配有廚房和衛生間，總面積在15平方米左右。房間兼作臥室與客廳，一張雙人床已經佔去一半的面積。一旦有客人借宿，鄒慧和丈夫便要打地鋪睡覺。夏萍家也是如此，每當婆婆與兒

子來訪，她和丈夫都要地上打地鋪。可以想像，狹窄的住處難以為家庭成員提供足夠的居住空間，更不適於迎接新生命的到來。2007年，QC組長馮春正在準備懷孕生第二胎，儘管丈夫阿斌同在沙岩廠五金部內工作，但她並沒有留在當地生產的打算。談及此事，她曾肯定地說：

> 因為在家裏空氣環境什麼，家裏房子都比這邊大一點，這又麻煩。我在家裏帶的人也比較多，有人幫忙，這裏我叫我婆婆來這裏，我婆婆來就一兩個月她就回去了，因為我一個人在這邊，我老公又上班，去買個菜還抱著小孩子，我不喜歡這樣，我覺得還是回家好。

> （馮春，女，已婚，1981年出生）

農村家庭成為她們更為理想的選擇。一方面，農村的自然環境和居住條件都更為優越；另一方面，其他家庭成員也能夠提供生活上的便利與幫助。因此，大多數已婚女性都選擇返回家鄉生育孩子，從而也成為她們中斷打工生涯的重要原因。

4.2.2 外出：反抗的手段

由結婚和生育而導致的遷移歷程的中斷，並非農村女性遷移歷程的終結。從表4.1可以看出，儘管間隔時間長短不一，受訪的農村女性都在結婚生子之後陸續地重返到打工者的行列之中。「推－拉」理論告訴我們，遷移決定往往是在遷出地的排斥力和遷入地的吸引力之間的交互作用下作出的（Ravenstein, 1885; 1889）。重新回到城市參與經濟生活，對於部分已婚女性來說，是出於她們對婚姻家庭生活的不滿與排斥。農村家庭的分工模式規範了女性家庭生活的主要內容，但並不意味著得到了她們完全的認同和無條件的接受。方梅的丈夫希望她能夠留在家中做家庭主婦，而她卻對日復一日的枯燥生活感到厭煩。她曾這樣描述每天的生活：「自己一個人在家裏，除

了煮飯買菜，每天就是這樣，呵呵，等我老公他們回來吃飯。」對於家庭主婦來說，囿於家庭之內積年累月的生活是單調且乏味的。即使迫於各種壓力不得不遵從這種安排，但並不意味著她們沒有怨言和改變的渴望。終於，在孩子回到農村就讀之後，方梅如同解脫般地進入工廠重新工作。

並非所有農村女性都像方梅一樣，在忍耐多年家庭主婦的生活之後，才敢於選擇自己所期待的生活方式。越來越多的農村女性，開始在日常實踐中抵制傳統的分工模式。趙鵬的妻子在娘家排行最小，姐妹眾多的成長環境並沒有幫助她培養做家務的能力和習慣。即使結婚之後，她也沒有將家務勞動全部承擔下來。由於對照料孩子感到厭煩，妻子在兒子不足兩歲的時候獨自離開家鄉，回到她婚前打工的地區，進入一家台資工廠工作：

> 因為這樣子的嘛，那時我們兩個又不懂事，小孩子我們兩個都不想帶，那小孩子又吵又鬧的嘛。兩個人你推我我推你，吵啊吵啊就跑出來了，呵呵。出來打工就吃飯做事，不用不用，不用操那份心是吧。
>
> （趙鵬，男，已婚，1974年出生）

無獨有偶，韓福的妻子在婚前便與兄弟姐妹一起在外打工，同樣缺少務農和家庭生活的經驗。在結婚之後很長一段時間裏，由於家務勞動處理不當，他們夫妻的生活也充滿了不愉快。

> 在那五年時候（結婚五年），我都不知道怎麼和她生活過來的。那個時候我也不喜歡種地，不很會種地。那個時候我們也是小孩子，種地的根本都不懂，那都是老爸老媽管的。後來一成家了，你不管也不行啊，那時候把家一成，你什麼心都要操起來，什麼都要擔起來了。然後，她在家裏從生那個小孩帶啊，忙的時候幫忙下一下地幹一幹活，四五個年就出來了。
>
> （韓福，男，已婚，1969年出生）

　　然而，妻子並不甘於繼續忍受這種生活狀態，於是便在兒子五歲的時候選擇再次外出打工。儘管丈夫明確表示「我也不喜歡她出來，由於那個時候還有一種老觀念嘛，講那種老傳統嘛，女同志出門打工的還是很少」，但他的反對依然沒能阻止妻子的步伐。

　　當已婚女性對農村家庭的責任分工與日常生活感到不滿和厭煩時，她們可以通過實際行動來改變現狀，對固有的生活秩序和家庭安排作出反抗。外出打工所帶來的空間上的分離，客觀上導致已婚女性與農村家務勞動之間的分離，從而為她們提供了一個逃避家務勞動、挑戰性別分工的重要手段。面對妻子的外出選擇，趙鵬和韓福分別作出了不同的回應。在妻子外出三四個月後，處理完家中「瑣碎」事務的趙鵬也追隨妻子外出打工。由於韓福在家鄉擁有一份穩定並且收入理想的工作，又考慮到兒子年幼需要照料，他則選擇留在家鄉。自此，他們夫妻便開始了長達十餘年兩地分居的生活，直至2005年韓福追隨妻子進入沙岩廠工作。從趙鵬和韓福兩家的例子可以看出，儘管從屬性遷移是已婚女性的主流選擇，但並不是她們的唯一選擇。已婚女性作為獨立而非從屬性的遷移主體開展城鄉遷移，揭示出她們在遷移過程中的自主性和獨立性，彰顯出她們追求理想生活的勇氣和行動力，同時也重塑著她們對自我性別身份的認同。

　　當然，已婚女性通過外出打工而逃避的不僅僅是家務勞動，也包括日常生活中不和諧的家庭關係。當丈夫外出打工，留守的妻子需要經常面對、並且對她們構成壓迫的家庭成員主要是公婆。面對公婆的權威，身為兒媳的她們無疑處於弱勢地位，因此常常要受到他們的約束與管制。當關係處理不當，就有可能演變為兩代人之間的矛盾。苗華提到農村家庭的生活時，這樣說過：「呆在家裏不好玩，家裏有那個婆婆公公嘛，你呆著，誰家裏都有氣，哪有天天不生氣啊，有時候也有氣，反正出去玩好一點。」外出打工，可以遠離農村家庭和公婆，無疑成為擺脫這種生活矛盾最有效的方式。2005年初，苗華得知同鄉打算到廣東打工，於是便決定一同前往。她表

示：「在家裏生閒氣，我說我出去了，不在家裏。」就這樣，在徵得丈夫同意之後，苗華離開了家鄉，並終於可以「痛快一下」。

無論是苗華還是趙鵬或韓福的妻子，她們的一個共同點是在結婚之前擁有較為豐富的打工經驗。早期的遷移經歷讓她們有機會體驗不同於農村的城市生活，不同於務農或家務勞動的打工生活。在開啟生活中另一種可能性的同時，這些體驗幫助她們提升了適應社會經濟生活的能力，也幫助她們積累了促進城鄉遷移的資源和網絡。可見，城鄉遷移是一個賦權的過程。女性在此過程中所獲得的權能，大大提升了再次遷移的可能性，也讓她們有勇氣、有能力去打破傳統性別規範對她們的束縛。自主意識逐漸增強的農村女性，有能力通過外出打工實現「自己養活自己」的目標，從而構建和提升自我的獨立性。於是，當已婚女性因不滿農村家庭生活而選擇外出打工時，便為她們的遷移實踐賦予了反抗傳統性別秩序的意義。這既是對性別分工的反抗，又是對家庭權威的反抗；既是對單調與枯燥的反抗，又是對壓迫與束縛的反抗。

4.2.3　從屬性遷移：性別秩序的延續

儘管部分已婚女性的外出打工已經呈現出反抗的意義，但這並不是遷移實踐的全部。相反，它從側面說明，傳統性別秩序仍然主導著農村家庭生活的主要內容，也因此能夠對已婚女性的遷移選擇進行規範和約束。夫妻共同打工，在很大程度上仍然表現為一種家庭經濟策略，而非個體的行動選擇。大多數已婚女性的遷移實踐，表現為性別秩序在遷移過程中的複製與延續。

家庭經濟考量：婚姻家庭的經濟狀況，是已婚女性是否需要重新回到城市勞動力市場的主要影響因素。當經濟問題困擾著農村家庭時，身為家庭中僅次於丈夫的成年勞動力，妻子往往需要參與到社會經濟活動之中，以分擔家庭的經濟壓力。夏萍的婆家共有兩個

兒子,按照當地習俗,兄弟兩人結婚後分別住在兩個院子裏,左右
為鄰。父母竭盡辛苦,直到2006年才為兄弟兩人每家建成一套正
房,但已經沒有能力幫助他們繼續建完偏房。按照預算,要建起餘
下的兩間半偏房需要四萬元,而這筆開支則給夏萍的家庭帶來了不
小的經濟壓力:

> 現在的壓力啊,哎呀,主要的我只要把我那偏房一蓋起來,我
> 感覺就沒什麼壓力了,就是那個房子。人一輩子就兩件事,一
> 是建房子,二要娶媳婦,就這兩件大事。
>
> (夏萍,女,已婚,1985年出生)

第二章中曾提到,「蓋房子」和「娶媳婦」是農村社會對男性進行
評價的主要標準。在男性主導的社會和家庭環境下,男性意志主導
著整個家庭的發展方向,他們努力的目標也成為整個家庭努力的目
標。因此,女性也感受到來自「蓋房子」和「娶媳婦」的經濟壓力,這
往往成為她們重返城市的重要原因。

儘管家庭經濟責任主要是男性的責任,但並非所有農村男性都
擁有獨自承擔這份責任的能力。蘇珍於1996年和丈夫結婚,在婚
前並沒有任何工作經歷。她第一次外出打工是在2003年,並坦言:
「結了婚以後才想著出來打工,畢竟是我老公也在這打工,也養活不
了,也修不了房子嘛,所以必須靠兩個人去奮鬥。」丈夫獨自在外打
工所獲得的經濟收入,難以游刃有餘地負擔家庭的全部支出,特別
是當開支項目超出日常基本生活時,經濟狀況更顯得捉襟見肘。妻
子外出打工,可以幫助丈夫減輕家庭經濟負擔。正如馮春所說的:

> 如果說我要是說不出來打工哦,像我老公在這裏那個時候一個
> 月才一千多塊錢哦,那年回家我在家帶小孩子,我小孩子也生
> 病大人也生病,他一個月都給我寄一千塊錢回去哦,一個月才
> 拿一千多,他自己還要用一點嘛,一個月寄一千,有時候一個
> 月寄一千五,每個月都寄錢。那時候小孩子又病大人又病,那

時候家裏還要用，全部都要錢來的，錢都一年都支給我們家裏用了。後來我想帶了11個月了，我想就出來讓我婆婆帶噢，最起碼嘛我出來了，不是說幫他弄很多錢，一個月弄五百塊、六百塊，多多少少也減輕點負擔嘛，是不是啊。你看我在家裏也少了一個人用嘛，在家裏就多一個人用嘛，而且還可以再多弄一點錢嘛。

（馮春，女，已婚，1981年出生）

與男性不同，已婚女性的遷移行為往往很難與成就事業的抱負和實現自我價值的渴望之間產生聯繫。她們進入或退出城市勞動力市場的選擇，在很大程度上取決於家庭的經濟狀況和男性家長的經濟能力。即使她們與男性同樣地通過參與城市經濟生活而為家庭作出經濟貢獻，也仍然被置於一個輔助而非平等的位置。她們的遷移選擇更多地體現為家庭策略，她們的勞動價值沒有得到充分的認可。

遷移模式：已婚女性的城鄉遷移，往往是追隨著丈夫的遷移軌跡而展開的。按方梅的話說：「結婚了就一直跟著我老公，我們好像跟著他轉一樣。」與其他遷移主體相比，已婚女性的遷移行為更加缺少獨立性，在很大程度上受到了丈夫的影響。鄒慧自2000年起便在茶山地區某玩具廠工作，她不僅在該廠累積了豐富的工作經驗和關係網絡，而且對該地區的生活也相當熟悉和適應。2002年，她因為待嫁而不得不辭工返鄉。[3] 到了2004年，由於工作需要，該工廠再次向鄒慧敞開大門，但卻遭到了丈夫的阻攔。因為：

離得太遠了嘛，那麼遠，還要三四十塊錢車費。其實在那裏做的好輕鬆，現在工資還要高一點，至少一千四，我還穿組長的衣服。那裏的等級，宿舍都不一樣哦，組長的宿舍都不一樣，吃飯也不一樣，像他們這裏組長他們吃飯都不一樣，主管又不一樣。

（鄒慧，女，已婚，1979年出生）

　　儘管工作待遇相當優越，但為了與丈夫團聚，鄒慧不得不放棄熟悉的工作環境。她坦言，之所以會到流沙地區進入沙岩廠工作，完全是因為丈夫在該地區打工的緣故。

　　事實上，夫妻二人在同一地區打工是一種十分便利且經濟的選擇。網絡理論提醒我們，移民網絡的存在可以大大降低遷移的成本，從而促進遷移的發生。在夫妻之間，一方在遷入地所擁有的資源和網絡更能夠為另一方的遷入提供最大程度的支持和方便，從而實現遷移成本的最小化。另一方面，夫妻共同打工和生活，也能在增加經濟收入和提升生活質量的同時降低生活成本，從而實現經濟效益的最大化。蘇珍的丈夫一直在流沙地區打工。2003年，第一次外出的她也來到該地區與丈夫一同奮鬥。原先，丈夫一人在外打工，每年只能為家庭提供幾千元的經濟收入，以負擔包括蘇珍在內一家人的生活。當蘇珍和丈夫一同在外打工之後，丈夫在城市裏的生活起居得到了更好的照顧，兩人每年的積蓄也能增加到兩三萬元。正如她所説的：

> 那時他一年才賺三千多塊錢，三四千塊錢。那時候工資低嘛，你看那廢品又便宜。再一吧，他自己在外面男人吧又愛抽煙愛打牌，又沒人管，他自己又相對年輕嘛。然後就那樣啦，你必定啊你作為一個妻子你跟著他吧做飯啊那些地方你跟他做，做了他吃，做了還吃得飽一點，還好一點，還省點錢，是這樣的，慢慢得攢點錢嘛。以前他自己肯定賺不了多少錢呢，你想想他在外面要租房子要買了吃就這樣，他賺不了多少錢，一年給我們幾千塊錢，夠零花錢。

> （蘇珍，女，已婚，1977年出生）

　　可見，從屬性遷移作為已婚女性主流的遷移模式，既包含著經濟理性，又體現出性別秩序。她們的遷移決策往往由家庭基於經濟需求而作出，她們的遷移路徑更追隨著男性家長的步伐。在實現最

為經濟的策略選擇的同時，也將主導與從屬的性別關係複製到遷移過程之中。

4.3 遷移對女性家庭地位的影響

城鄉遷移不僅是體現性別秩序的過程，更是重塑性別秩序的過程。已婚女性的遷移行為對傳統性別秩序提出了挑戰，並改變著夫妻之間的等級關係。根據性別秩序的分析框架，可以從性別分工、權力關係和情感依賴三個層面對其進行考察 (Connell, 1987)。面對來自女性的挑戰，男性也以不同方式進行回應。家庭之中的性別秩序，正是在挑戰與回應的互動中，維持著動態的平衡。

4.3.1 遷移帶來的改變

生活內容與分工：城鄉遷移改變了農村家庭成員原有的居住安排和分工模式。隨著成年男性和女性的遷移，農村家庭出現了居住分離的狀況。在三代同堂的擴大家庭中，外出打工的成年夫婦居住在城市地區，而留守的老人和孩子則居住在農村地區。居住安排的改變必然導致家庭分工模式的改變，在遷出地和遷入地都有所體現。調查發現，除蘇珍在婆婆去世之後將孩子寄養在姐姐家，張林和王成將孩子帶在身邊撫養之外，其他所有受訪的已婚者都是將孩子交由爺爺奶奶代為照料。正如來自河南的苗華所說：「駐馬店80%的就是老的照顧小孩，年輕的出來打工了，都上報紙了。」當然，這種現象不僅出現在人口輸出大省河南，而是遍佈於絕大多數中國農村地區。空間上的距離讓女性得以擺脫繁瑣的家務勞動和農業耕作，從而獲得了一定程度的解放。比起留守在家，夏萍更加偏愛外出打工，在一定程度上是因為可以就此擺脫家庭勞動分工所帶來的煩惱。她表示：「在這裏沒那麼多煩心事，在家裏家務事啊那些事啊，地裏面那

些雜活兒，煩心事太多了。」可見，外出打工直接和有效地改變了已婚女性的生活內容，幫助她們從農村家庭勞動中解脫出來。

在參與就業的同時，已婚女性在城市之中的家庭生活也發生了改變。一方面，她們在城市之中的生活內容也得到大大的簡化。從屬性遷移使得她們能夠與丈夫生活在同一地區，從而擁有了在城市之中夫妻二人的簡單生活。得益於孩子和老人的留守，以及遠離農村生活環境，在城市打工的已婚女性擺脫了很多照料的工作，亦毋須打理複雜的親友關係。納入到工廠體系之後，她們更需要根據日常工作安排協調家庭生活。固定、緊湊、長時間的工作佔據了工人們大部分的時間。除了午晚餐休息之外，夫妻從早到晚分別在各自的工作環境中從事生產，沒有時間亦沒有精力充分享受家庭生活。正如夏萍所說：「平時你看都加班，九點半下班，下了班就是沖涼洗衣服，洗了衣服看一下電視就睡覺了，一般十一點就睡覺了，第二天還要上班。」對於分別在不同工廠工作的夫妻來說，工作和休息時間的不一致更限制了他們相處的時間。除此之外，工廠管理體制不僅對產品生產進行了嚴格的規定，亦對勞動力再生產作出了具體的安排。儘管打工夫妻大都選擇廠外住宿，但工作日仍會在廠內用餐。這既與休息時間的緊張相關，又有經濟方面的考量。

另一方面，夫妻之間的勞動分工也出現了去性別化現象。在城市之中，女性不再是依靠丈夫供養的家庭主婦，男性也不再是家庭收入的唯一來源。工作取代了家務勞動成為女性日常生活的主要內容，從而限制了女性參與家務勞動的時間。夏萍和丈夫會根據實際情況分擔做飯的工作，她表示：「在這裏啊，就是我放假了，我給他做，他放假了，他給我做。」一天晚上加班，她美滋滋地告訴大家，晚上吃了一碗西紅柿炒雞蛋和一碗青椒炒肉絲，都是丈夫做的。類似現象在其他打工夫妻中也時有發生，絲印組長趙鵬曾提到他的妻子並不習慣做家務，而對做飯感興趣的他，也在外出打工之後進行相應的配合：

她小的時候呢，家裏姐妹多嘛，她是最小的，她可能說是從小
到大也沒做過什麼，那些瑣碎的事做得少。你看像現在出來
以後，這些做飯做菜呀，都等著我去做，我做的好吃她說我做
的，沒辦法，可能說她沒有這個習慣。

（趙鵬，男，已婚，1974年出生）

夏萍和趙鵬的例子，都強調丈夫幫助妻子分擔家務的現象是發
生在城市之中。在農村社會，男性從事諸如做飯、洗衣服、照料孩
子等家務的情況十分少見。特別是公婆的壓力和監督之下，丈夫更
不會幫助妻子去做她們「份內」的事情。而男性在不同生活場景之下
參與家務勞動的情況有所差異，也在其他實證研究之中得以證實。
在美國打工的墨西哥移民迫於環境限制和經濟考量，也會自己做飯
和洗衣服；但回到墨西哥的他們為了不出讓作為男性家長的特權，
則不會參與這些家務勞動（Cohen, 2006）。可見，遷移在一定程度上
改變了男性對家務勞動的參與。當夫妻雙方同在城市打工，以性別
為依據的家務勞動分工出現了變動的空間。

資源使用與控制：儘管打工充滿艱辛，但由此所帶來的經濟收
益卻能夠使農村女性獲得一定程度的滿足。夏萍明確表示打工「比在
家強」，而她所謂的「強」主要是指經濟方面。女性在農村地區所參
與的經濟活動主要集中在農業耕作，其微薄的收入並不能滿足她們
的消費需求。正如夏萍所說的：「在家你一年到頭，你就是忙個不停
種那些莊稼幹嘛的，一年到頭你吃了也沒穿，也沒幹嘛，也沒一分
錢花。」與農村拮据的生活相比，參與城市經濟活動的女性可以獲得
穩定的收入，從而使她們掌握更多可支配的資源。身為沙岩廠五金
部的員工，儘管加班時間有所差異，但仍能保障她們每月的收入水
平。在生產旺季，加班時間的增多使得她們的收入更為可觀。比如
2008年，蘇珍的月收入達到了1,400–1,500元，遠遠超過了丈夫每月
1,000元的固定收入。

經濟獨立對於農村女性具有重要意義，幫助她們在家庭資源的使用和控制上都獲得了更多的權力。一方面，有賴於穩定的收入，女性可支配的資源較以往大幅增加，她們在資源使用上的空間也得以拓寬。擺脫了以往經濟緊張的窘境，女性可以根據需求支配收入，也提高了她們應對家庭事務的靈活度。2007年調查期間，鄒慧表示她與丈夫每月的基本開銷是在1,300–1,400元之間。隨著堂妹的到訪，他們當月的開銷竟達到了2,300元，而其中還包括了她提供給堂妹的禮物和金錢：

> 因為我堂妹在這裏嘛，每天都要買肉啊，或者有時候我還拿錢給她嘛，自己買魚啊什麼給她吃嘛，這些也要錢，煤氣啊，她來的話，多一個人還要多一個煤氣燒熱水沖涼，米呢，我們半個月一袋米上個月，這些合起來都是錢嘛。還有我堂妹第一次從我這裏走嘛，我給了二百塊，然後呢，一來這裏嘛買了個皮箱送給她嘛。因為她這個皮箱爛了，現在就放在我這裏。我看她沒錢嘛，我說我去給你買個皮箱，就是八十五，在華生買的。後來這次回去，我又給她一百塊。
>
> （鄒慧，女，已婚，1979年出生）

另一方面，作為家庭經濟來源之一，女性在家庭收入貢獻上與丈夫的差距越來越小，她們控制家庭資源的權力也逐漸加強。當夫妻雙方同時參與經濟生活，女性不再依賴男性的收入而生活。經濟收入的透明度有所提高，男性也難以壟斷資源分配的權力，女性控制金錢的能力隨之增強。鄒慧可以通過對金錢的控制而抑制丈夫賭博的嗜好，便是其中的例子。她提到：「現在我壓著他還買（碼）得少一點，買的沒那麼多嘛，因為我沒給那麼多錢給他嘛。今天又給了五十塊錢給他，我怕他一個男人啊，身上還是有點錢好一點。」可見，在經濟上擺脫對男性的依賴，是農村女性在婚姻關係中得以賦權的關鍵因素。隨著女性越來越多地參與到家庭資源的貢獻、使用

和控制之中，她們在家庭中的地位也有所提升。

賦權與發聲：隨著遷移過程中視野的開拓和經驗的累積，農村女性的權能也有所增強，並得以在家庭事務中逐漸發出自己的聲音。打工經驗的不斷豐富提高了她們處理家庭和社會事務的能力，這首先表現為家庭決策中她們日益重要的影響力。第三章曾提到，2006年胡慶遇到一個轉換工作的機會，權衡利弊之後他仍然猶豫不決，於是便向妻子徵詢意見。妻子則果斷地說：「你跳了還不知道好不好，再說我們二個人又在一起，你走了我在還又要跟著你。」最終，胡慶採納了她的意見，繼續留在沙岩廠工作。儘管並不能就此推斷妻子的建議具有決定性作用，但至少可以說明，當家庭需要作出重要決策的時候，妻子不僅不會被排除在外，而且會作為重要的參與者，提出相應的意見。男性對女性意見的尊重與重視，亦是女性權能得到提升的重要表現。

在城市的工作與生活中，處於底層的農民工時常會遭遇不同形式的歧視和不平等待遇。無論在家庭還是社會中都長期處於被壓迫地位的農村女性，更善於以低姿態去應對和處理類似的問題。如同胡慶的妻子曾說過：「打工還要什麼面子，打工就是這個樣子，既然要面子就不要出來打工啦。」因此，她們的生存策略在特定情境下更適用於農民工在城市的生活狀態。當社會生活中出現的問題危及到家庭的生存與發展時，農村女性便會採取軟硬兼施的手段，將自己的意志貫徹到實踐之中。蘇珍的丈夫曾經在工作中與頂頭上司產生矛盾，於是便私自扣留工作單據擾亂生產，並向上司威脅使用暴力。在處理矛盾的過程中，蘇珍起到了關鍵和積極的作用，既沒有影響工廠的正常工作，又幫助丈夫挽回了面子，並且保住了工作：

> 就因為這一點點小事情，我老公那脾氣那麼爆，我們兩個人在家裏支巴了一下。我說我知道我說的對，你必須要聽我的，我也是為了這個家，本來這個家就是很難很難的，你為了這個

家就是養活這一個小孩。最後，他廠長主管都罵他那一個老大了，我說你人要識一點抬舉嘛，人要做錯了，老大那廠長都罵他了，你還要怎麼樣，單交給他了就算了，是不是，明天咱就回去就算了。

（蘇珍，女，已婚，1977年出生）

除此之外，女性的賦權還體現在她們對於農村家庭事務的干預和處理。每年農曆八月十五是農村地區的收穫時節，外出打工的已婚夫婦往往需要回家幫忙。夏萍提到：「因為家裏面兩個老人，又那麼多地，小孩又在家，照顧不了嘛，每年都要回去幫著收一下玉米再過來，都是忙的時候回去我們。」儘管十分明白其中的道理，但對務農感到厭煩的她並沒有在2008年陪同丈夫一起回家。遇到類似問題的還有鄒慧。儘管婆婆曾明確要求她回家幫助秋收，但是鄒慧依然以經濟支持為替代辦法，拒絕了婆婆的提議：

家裏面要收稻穀了嘛，我婆婆還說叫我請假回去，她說回去給我帶我兒子嘛，她好收稻穀，我說那我還不如寄點錢回去，你請人收還好一點，我來回坐車又累，又請那麼十幾二十幾天假，做得了什麼，是吧，又請不到。

（鄒慧，女，已婚，1979年出生）

已婚女性之所以能夠對家庭意見提出異議，在很大程度上是由於她們通過參與經濟生活而獲得了獨立的經濟能力，從而提升了她們在家庭之中的地位和話語權。她們再不是唯命是從的妻子和兒媳，並且越來越多地在處理家庭事務中發出自己的聲音。

情感的考驗：情感依賴是夫妻之間依賴關係的重要組成部分，並與其他方面（諸如經濟依賴）相互聯繫。性別秩序在夫妻情感依賴方面的體現是丈夫在情感關係中的主導，以及妻子在情感上對於丈夫的依賴。儘管公共領域的工作安排並不能直接介入私人情感領域

而對夫妻關係產生影響，但打工生活所帶來的體驗與改變，也會間接地危及男性在情感關係中的中心位置。

　　雖然枯燥的工作是日常生活的主題，但農村女性亦有機會在工作之餘，接觸到現代生活中的新鮮事物。時尚的髮型、靚麗的服裝、精美的化妝品，這些女性消費品為她們原本平淡的生活增加了色彩，也鼓勵她們越來越注重自我形象的管理和提升。2007年調查期間，五金部女工在得知我會利用週末休息日回香港的消息之後，主動委託我幫助她們在香港購物。其中，護膚品和化妝品是購物清單中最主要的內容，而她們所指定的產品，諸如歐萊雅、玉蘭油，也都是該領域內的知名品牌。事實上，香港購物只是女工生活中的插曲，而流沙地區成熟而齊備的消費市場則是她們主流的選擇。馮春利用週日休假在工廠周邊一家新開張的美髮店燙了新式髮型，並辦理了會員卡。她表示自己的髮型在保持一段時間之後便想改變，所以每年大概會燙髮兩次。她的新髮型不僅引來女性工友的討論，而且也引起男性工友的注意。有男工友和她丈夫阿斌開玩笑說：「你老婆打扮得那麼漂亮，小心她跟別人跑掉。」為此，還引發了夫妻兩人小小的口角。可見，已婚女性對於時尚的追求和自我形象的提升，會或多或少地給丈夫帶來危機感，從而動搖他們在情感關係中的優勢。

　　除此之外，打工生活亦拓寬了農村女性原本狹小的社交網絡。她們日常接觸的群體不再局限於親友和鄰里，而擴展到工作場所和生活社區中的同鄉、同事和朋友。打工多年的鄒慧在遷移過程中結交了不少異性朋友，並且通過手機與他們保持聯繫，這便引起了丈夫的不滿和誤會。

　　　我說我也不是那種人嘛，因為那個男孩子是跟我玩得好嘛，你說玩得好就不可能不跟人家聊天的嘛男女，誰都有男女朋友噢，我說現在，你要是有個女孩子跟你發信息，我都不會吃

醋，因為你不可能沒有男女朋友噢，我老公現在都不會誤會這
些了，我們也很少吵架，就你還吃醋，飽死了。那次把我的
電話號碼全都刪了，男孩子的號碼全都刪了，包括那個男人的
號碼，我現在都不敢存那人的名字，還不敢存，我怕他說嘛因
為。我就存了個空號碼，我還是知道那個號碼是他的，不敢
存，我怕存了他又要說，其實我們也沒什麼。

（鄒慧，女，已婚，1979年出生）

現代通訊設備的使用打破了人際交往的時空限制。鄒慧表面上
刪掉了男性友人的聯繫方式，但私下裏卻保存了自己熟知的電話號
碼。這些舉動既顯示出男性家長對於女性的壓力與限制，又透露出
他們的權威亦存在難以觸及的邊界。雖然異性間的交往並不一定
與浪漫情愛關係相關，但仍然對夫妻穩定的情感關係構成潛在的威
脅。於是，便可能在夫妻之間引起隔閡。

打工期間，因妻子移情別戀並導致離婚的案例並不鮮見，胡慶
的同鄉就遇到了類似的情況。於是，他感慨到：「現在的女人越來越
高級了。」事實上，無論女性還是男性，都可能在遷移過程中遇到或
多或少的誘惑，從而降低他們對配偶的情感依賴。然而，當夫妻感
情受到考驗時，男性體驗到更多的剝奪感，因為他們以往在情感關
係中的優勢地位受到了威脅。妻子不再作為丈夫的專屬附屬品而存
在，丈夫也不再是妻子寄託感情的唯一選擇。在女性獲得更多選擇
機會的同時，她們在情感關係中的地位也得到了提升。

4.3.2 男性的回應

農村女性在遷移過程中所發生的改變並不是孤立的，而是相互
作用的。這些改變在提升女性家庭地位的同時，也挑戰了男性的統
治地位和特權。在動態的婚姻關係中，此消彼長的權力關係滲透並

且呈現於日常實踐之中,重新塑造著家庭生活的互動模式。不難想像,當男性權力受到威脅時,他們必然採取各種方式對女性的挑戰作出回應。

已婚女性對家庭經濟領域的介入體現在日常生活中的種種細節,她們對資源控制能力的增強在很大程度上降低了男性在資源使用上的自由度。為了擺脫妻子的控制與限制,丈夫往往採取隱瞞的策略來予以應對。2007年,夏萍的家庭由於丈夫的賭博行為而出現重大的經濟危機。然而,直至債主找到夏萍並要求她償還10,000元賭債時,夏萍才瞭解到事情的真相。丈夫之所以隱瞞自己賭博和借債的行為,起初便是由於夏萍對於金錢嚴格的控制:

> 那時間我跟他去那一次,我跟他一起去,他買了三十五塊錢的一個數,中了是一千四,我拿過來了。那時間我知道嘛,他中了一千四,我拿過來了。再往後,他買碼不跟我說的,我都不知道的,最後把那幾萬塊他輸進去,輸進去的話,把自己的本錢他又輸進去一萬塊。賺過不少自己最後又虧進去一萬,自己的本錢,那個東西害人害死了。我們前年還帳,還帳,還了幾個月,才把那一萬塊還清。
>
> （夏萍,女,已婚,1985年出生）

當女性侵犯男性控制金錢的權力時,不少男性會採取迂迴的方式來維護自己的權力。這種方式並不直接構成夫妻間的矛盾與衝突,在男性群體中較為常見,在滿足他們控制權的同時,間接地限制了女性日益提升的權力和干預。

與隱瞞或欺騙相比,暴力則是一種更為極端的回應方式。在特定情境下,暴力能夠鞏固性別統治(Connell & Messerschmidt, 2005)。男性使用家庭暴力往往是對違背他們意願的行為進行懲罰,從而保證男性意志在實踐中得以貫徹。調查發現,很多農村男性為自己不向妻子使用暴力而感到驕傲。王成聲稱自己的脾氣在結婚之後改變

了很多，並且從不對妻子使用暴力，這也正是妻子「看得起」自己的
原因：

> 我跟我老婆當面我就說，我說我要屬害我到外面屬害，我不會
> 到家裏屬害。我還跟她說，男人打女人不叫男人，不是男人本
> 事。要兇，在外面兇。我最討厭，最看不起的男人打女人的
> 那樣，那樣的形象，我覺得我就看不習慣的，真是。我看我老
> 鄉，我經常說他，我說你是不是男人啊，一天把自己老婆打得
> 像什麼，我說你要屬害到外面打男人，到外面去打，隨便怎麼
> 打，家裏面也沒有什麼反對的，人家怎麼看法你，是不是。
>
> （王成，男，已婚，1976年出生）

在他們看來，不使用暴力表現出自己對女性的尊重。胡慶說：
「人家都對老婆打老婆，我從來不打老婆的，不打女人，女人也有自
尊。」不打女人的宣言成為男性自我炫耀的手段。即使他們能夠履
行諾言，但仍然是以強者姿態自居，一方面炫耀自己使用暴力的能
力，另一方面表現自己不使用暴力的高尚。

儘管男性受訪者冠冕堂皇地宣稱不使用暴力，但女性受訪者仍
然講述了現實生活中遭受暴力對待的經歷。馮春的父親曾經借給同
鄉420元，而當同鄉還錢時，父親已經返回家鄉。於是，代收欠款
的馮春打算湊足500元寄給父親，不料竟遭到丈夫的反對，最後由
激烈的爭吵演變為拳腳相向：

> 他說就給他寄400，我說別人還420，我說500也是貼了80
> 嘛，我說幹嘛要寄400啊，我要寄500。他又不讓我寄，我說
> 我要寄，他就跟我吵，然後就吵得好屬害。我在宿舍，我火氣
> 來了，我把那被子衣服風扇都全部摔了，全部丟了給他。他拼
> 命打我，氣死了。
>
> （馮春，女，已婚，1981年出生）

從馮春的例子中可以看出，隨著女性經濟能力的增強，男性在家庭中的權威逐漸削弱。面對不再唯命是從的妻子，使用暴力成為他們對妻子反抗作出回應的選擇，從而維護和鞏固自己的權力和地位。可見，農村女性在遷移過程中的賦權並不足以保證她們免受暴力威脅或者暴力對待。相反，受到威脅與挑戰的男性更容易選擇極端的方式來應對女性的發聲與反抗。這種回應方式簡單、粗暴又直截了當，同時也透露出他們的無力與絕望。

4.3.3 改變中的不變

儘管家庭分工隨著已婚女性的城鄉遷移而有所改變，但是她們作為妻子、母親和兒媳的責任依然存在。當傳統意義上的女性責任未能履行時，她們首先成為被譴責的對象。照顧孩子被認為是母親的職責，而外出打工的母親往往難以盡到責任。在兒子5歲的時候，韓福的妻子獨自離開家鄉外出打工，他則留在家中照顧兒子。15年過去了，兒子已經長大成人並且參加工作。在接觸社會的過程中，兒子逐漸認識到教育的重要性，也開始為自己早年沒有繼續學業而感到懊悔。但是，他所埋怨的並不是當初不願意繼續學習的自己，也不是留在身邊卻未能好好管教他的父親，而是理應留在家中照顧他、卻選擇外出打工的母親：

> 他(指兒子)說要是她(指妻子)在家的話，指導他一下，管理他一下，也許會那個書他繼續念下去。……我是在家裏管他啊，但是我們白天要做事，我們那裏做事，家裏做事不是比這外面，那也挺累的嘛，晚上教他教了幾下，回來打他一頓，罵他一頓，就走開了嘛。他到現在都埋怨他老媽，責怪他老媽。
>
> （韓福，男，已婚，1969年出生）

誠然，城鄉遷移從客觀上改變了農村家庭的分工模式，使得女

性能夠從繁瑣的家務勞動中暫時解脫出來。但是,觀念的轉變往往滯後於實踐。遷移所帶來的「缺位」並不能為農村女性減輕或轉變家庭責任提供足夠的支持,更難以徹底改變她們在家庭分工中被支配的地位。傳統的性別分工模式依然在很大程度上束縛著農村女性追求職業發展的步伐,也在很大程度上阻礙了家庭分工去性別化的徹底轉變。

從資源的分配與使用來看,雖然女性對家庭收入的貢獻越來越多,但家庭資源的分配依然是以男性利益為依據的。自從進入五金部絲印組,每天暴露在化學原料污染之下的鄒慧,喉嚨經常出現不適,聲音也變得沙啞,並且咳嗽不斷。但是,她卻總捨不得花錢為自己治病。對自己如此節儉的她,卻花費2,000元幫丈夫買了一份意外保險。在問到鄒慧為什麼不給自己也買份保險時,她這樣回答:

> 女人買了沒用,男人買個意外保險啊、傷亡保險那個好一點。男孩子在外面嘛,打工危險性要比我們大一點,我們有什麼。我老公是說給我買個,我說給我買個簡直錢多了,我不買,我給他買一個。好多都是給男孩子買的,沒有幾個給女孩子買的,因為女孩子,女孩子沒什麼大問題嘛,就是有點感冒啊什麼的。
>
> （鄒慧,女,已婚,1979年出生）

另一方面,男性也依然掌握著資源使用的優先權。前文曾提到夏萍丈夫嗜賭的問題,並曾欠下巨額賭債。但夏萍也學會了打牌,丈夫便常常因此而和她吵架。賭博是嚴重損害家庭經濟利益的行為,夏萍的丈夫對此十分清楚。也正因為如此,他才會嚴厲阻止夏萍參與賭博。但是,他對於夫妻雙方參與賭博持有截然不同的態度。在他的潛台詞裏,自己賭博是沒問題的,妻子賭博卻是萬萬不可的。這表明在男性的觀念中,自己對於家庭資源的濫用是可以接受的,而妻子卻不被允許。

　　農村女性的賦權體現在處理日常事務和參與家庭決策的不同方面，與此同時，男性也選擇性地予以回應。當女性的參與能夠為男性和家庭提供幫助時，她們的意見會得到採納；當女性的干涉阻礙了男性權力的行使時，她們會被有意識地排斥在外；而當女性的反抗挑戰了男性的權威時，她們則會遭到嚴厲的懲罰。女性的挑戰與反抗之所以會遭到不同程度回擊，主要是因為男性維護和鞏固自身主導地位的欲望始終沒有消退。王成曾表示：「哪些事情能做，哪些不能做，自己男人也有自己的主見嘛，是不是，自己男人的作風嘛。什麼都聽你的，那還叫個男人嘛，自己的主見都沒有了，那幹個屁啊。」因此，儘管城鄉遷移帶動了農村女性在婚姻關係中地位的提升，但依然在動態變化的過程中維持著男性統治的傳統。胡慶與妻子以下的對話，便反映出他們之間的權力關係：

> 進了這個廠，然後她找我，她說咱倆離婚吧。我就，當時我就很生氣，我說你不要老是拿離婚來吆喝來威脅我，我說離婚就離婚啦，我說以後的事，你的事我再也不管了。我就是，然後我就下來了。她看見我下來了，然後跟著跑著拉著我，她說不不，我當時是說話有點過分她說。我說你當時說話，我說你以後還說離婚二個字的話，咱倆就真的完了我說。從那以後，她現在再也不敢那離婚二個字了。
>
> （胡慶，男，已婚，1974年出生）

　　以離婚為威脅並不是所有人都敢於嘗試的，特別是那些沒有經濟能力並且依賴丈夫生活的女性。然而，當威脅並沒有對胡慶發生作用時，妻子立即作出反省，並且在今後的生活中都有所顧忌。由此可見，在遷移過程中，動態的婚姻關係是以女性的賦權和男性的主導為主題的，並將持續著平衡中的變化以及變化中的平衡。

4.4 已婚女性農民工的工廠體驗

李靜君（Lee, 1998: 4）的研究曾指出，管理者允許已婚女性兼顧自己身為母親和員工的雙重責任，從而吸引她們留在工廠工作。家庭責任被納入到工廠的管理策略之中，說明它對於已婚女性的影響已經超越家庭的界限，並擴展到工作領域之中。事實上，無論是否生活在農村家庭之中，已婚女性的日常活動都受到家庭身份與責任的左右。她們在工廠中的種種實踐以及與他人的互動模式，正是其階級身份、戶籍身份、性別身份和家庭身份共同作用的結果。

4.4.1 工廠等級的最底層

在工廠等級結構中，農業戶籍身份和女性性別身份共同決定了女性農民工處於最底層的位置。管理和技術工作往往是男性的領域，女性農民工則被圍於傳統意義上的女性職業領域。在沙岩廠五金部內，女性農民工所涉足的領域主要包括低技術含量的包裝、質檢以及文職工作。這類工作對於員工沒有特殊的技能要求，亦不提供專業的技術培訓。夏萍自2001年外出打工，儘管工作經驗豐富，但卻沒能學習和累積到人任何專業技能。2007年，她再次以普工身份進入到沙岩廠工作。截止到2009年，工作兩年的她仍然只是五金部包裝組一名普工。在談到工作技巧和熟練程度時，她這樣說到：

> 一般看貨也不分什麼生手熟手，只不過讓你這個人呢看貨，一般的貨一般的人都會看。這貨沒什麼好看的，就是我感覺是可以。看貨只不過是檢查表面，跟檢查外觀的差不多，不像裝配部那麼麻煩，一天有那些工位不固定，這些工位是固定的嘛，天天就那幾樣貨，就是今天這個貨的名稱和那個不一樣，看法都是一樣的，都是外觀一般。
>
> （夏萍，女，已婚，1985年出生）

女性農民工所享受的工資、飲食、住宿等各項待遇都與其底層位置相對應。可想而知，她們在工廠中的生活主要是圍繞著食堂一樓的飯菜和八人一間的集體宿舍而展開的。而在「差異政治」最為核心的工資體系中，女性農民工的待遇往往也是相應的最低等級。更有甚者，工廠對於女性員工在懷孕過程中所享受福利待遇的規定，也是依據其等級位置而有所差異的。五金部唯一的女主任（包裝主任）在懷孕期間就享受到與其他女性員工截然不同的福利待遇，包括工作環境的改變和有償產假的提供。她所享受的特殊待遇令底層女性員工十分羨慕，卻又望塵莫及：

> 你看他們待遇都比我們好。她（指包裝主任）去年懷孕都搬了，就把桌子搬到辦公室去坐啊，外面太噪了嘛，辦公室的環境比較好一點嘛，在外面坐一直坐到生小孩，她又可以請假請了兩個月。我們都請不到，我們的上班的環境不一樣，她有這麼好的條件。
>
> （馮春，女，已婚，1981年出生）

儘管女性農民工在工廠中的位置和待遇都不盡如人意，但這份工作對她們來說依然具有較強的吸引力。這在一定程度上是由於沙岩廠的管理者也將已婚女性的家庭責任納入到管理體制，並向她們提供相對寬鬆的管理策略，從而使她們能夠在工作之餘兼顧家庭，從而達到家庭與工作的「低水平平衡」（Lee, 1998: 4）。與未婚女性不同，已婚女性作為母親和兒媳，她們的勞動力是必不可少的家庭資源，同時也必須承擔不可推卸的家庭責任。雖然遠在城市，但當農村家庭有迫切的需要時，她們便需要義不容辭地提供支持並履行責任。考慮到她們的家庭需要，管理者會適當地放鬆相應的管理制度，從而為她們在工作與家庭之間的協調提供有效的幫助。

前文提到，農曆八月中旬是農村地區的秋收時節，也是農村家庭最需要勞動力的時節。每逢此時，已婚女性往往會請假回家幫

忙。考慮到她們的身份與責任，管理者也會酌情批准。姚玲談及此事時，對於請假充滿了信心：

> 一年請一次假可以，她(指包裝主任)也會批的，又不是辭工，請假反正，請兩次假也好請一點。像我們結過婚的，一般事多啊，是不是，呵呵。不像那個小女孩，就是說她們回去有沒有，她們回不回去都無所謂，家裏面不指望她們做什麼，那我們有小孩的不回去幫一下什麼忙，忙不過來。

(姚玲，女，已婚，1977年出生)

雖然同為工廠等級體系中的最底層，但由於已婚女性與未婚女性在農村家庭中所扮演的角色以及所承擔的責任不盡相同，管理階層亦會對她們進行差別化的安排與管理。也正因為如此，已婚女性對於工作的認同有所提升，並且更加安於接受較低的職位與待遇。

4.4.2 晉升之於女性

婚姻對於晉升動機的影響具有明顯的性別差異。當男性擁有家庭之後，他們需要並且渴望得到晉升；而當女性擁有家庭之後，她們將不可能得到經理的位置或者類似的機會 (Lee, 1998: 4)。女性的「內部」責任非但不鼓勵她們拓展「外部」的事業，反而抑制了她們追求職業發展的能力與動力。因此，與已婚男性農民工積極追求向上流動的機會不同，已婚女性對於晉升並沒有過多的熱情和渴求。

適合已婚女性的工作並不一定要有較高的職位和待遇。由於農村男性仍然承擔著家庭主要的經濟責任，女性的經濟壓力相對較小。而且，在職位與待遇得到提升的同時，工作的職責和壓力也會隨之增加。當收入增加幅度與壓力增加的幅度不相匹配時，晉升所帶來的困擾往往難以得到有效的補償。2007年，五金部質檢主管打算提升馮春為QC組長。儘管遭到丈夫的反對與阻撓，馮春依然接

受了主管的提議。然而，在工作遭遇諸多困難之後，她也不免感到
後悔：

> 我老公説，他説我叫你不做，你就不聽我的，好像我是害你一
> 樣的。唉呀，我説出來打工嘛，都想工資高一點嘛，他説我不
> 知道喔，他説，工資高一點，天天做得不開心，做得工資高有
> 個屁用啊，還不如在那個天天做得開心的，工資低一點，沒那
> 麼多壓力，還好一點，這裏工資高，又不是高了很多，高了才
> 兩三百塊錢，少用點錢就在裏面啦，他説，還天天受氣。

（馮春，女，已婚，1981年出生）

　　除了壓力之外，工作的不穩定性也是職位提升帶來的副產品。
在沙岩廠的等級結構中，組長是管理階層中級別最低並且直接接觸
生產第一線的管理人員，生產過程中出現的問題與他們有直接的關
係，因而承受著較大的工作壓力。韓福的妻子自1998年進入沙岩廠
裝配部工作，至調查期間已有十餘年的時間。雖然她已經成為該部
門少有的老員工之一，但仍然只是流水線上的一名普工。經理曾多
次提議晉升她為組長，但都被她婉拒了。韓福這樣解釋：

> 那邊的組長不好做的，她寧願做員工，她那邊的組長是説不定
> 一個月就換兩次組長，這樣換來換去，這樣你產量達不到啊，
> 你每天下來的數量完不成，屌了幾下就不幹了。她寧願做一下
> 員工也不願意做那個組長，比如説裝配部那邊的四樓的和三樓
> 的組長是不好做。

（韓福，男，已婚，1969年出生）

　　流水線的工作強度和工作壓力都相對較高，難以承受壓力的組
長不得不選擇離職，這種情況屢見不鮮。人員的頻繁更換説明該工
作具有較強的不穩定性，由此所帶來的風險使得許多女性員工對晉
升望而卻步。

在很大程度上，工作場所的性別政治也打擊了農村女性向上流動的積極性。儘管真正具有霸權式男性氣質的男性在數量上並不佔優勢，但他們的實踐界定和維持了全體男性對於女性的統治（Connell & Messerschmidt, 2005）。在男性佔統治地位的工作場所中，儘管並不是所有的男性員工都處於管理者的位置，但是他們普遍獲得了相對於女性員工的男性優勢。2004年初，在某玩具廠工作的鄒慧被提升為組長，但等級位置的提升並沒有賦予她足夠的權力：

> 女孩子我可以管一下她，男孩子整天，媽呀，鄒慧過來，給我頂下位，我去上個廁所。坐拉，我當組長有時候做不了，你組長還要給他頂位，飽死了，總是叫我頂，不叫他們頂。他們不叫那些做拉的頂，總是叫我頂，我氣死了。……我不想兇人家，我感到兇到人家，別人都是打工的。我兇，但是他們又不聽。我做了兩個月，我跟我老公，我有時管不下來我就哭嘛。
>
> （鄒慧，女，已婚，1979年出生）

由於無法有效地管理和約束男性員工，難以開展工作的鄒慧在得到晉升後不久便選擇了辭工。管理階層所擁有的權力並不足以彌補女性所處的劣勢地位，而性別身份賦予男性員工的特權卻使得他們敢於挑戰女性管理者的權威。在男權政治的統治下，女性難以真正體驗和實踐權力，晉升的意義也就大打折扣。

由此可見，農村女性在晉升態度上是有所保留的。一方面，收入的提高並不具有很強的吸引力，而工作壓力與不穩定性的提高卻給她們帶來很多困擾。另一方面，工廠中的性別政治在很大程度上削弱了管理職位賦予女性的權力，從而導致女性管理者常常體驗到職位與權力的脫節。對她們來講，能夠維持「低水平平衡」的工作往往是更好的選擇。而這裏所講的平衡超越了李靜君提出的家庭與工作之間的平衡，而將工作本身不同要素，諸如收入、職責以及風險之間的平衡，納入到考量範疇。

4.4.3　女性在工作場所的應對

工作場所中的矛盾和困難對於所有員工來說都是不可避免的，但是他們的應對方式卻有所差別。女性農民工在已婚狀態下對於問題的處理方式，又與未婚狀態截然不同。鄒慧明確地表示「沒結婚的時候感覺受不了氣」，辭工也成為她在工作中遇到困難時的常見選擇。2006年，婚後第一次重返工作場所的她進入沙岩廠五金部，並被安排在銘版組做QC。一個月後，她又被調往絲印組工作。在之後的日子裏，她常因各種理由在銘版組和絲印組之間調換。有一次，由於組長對銘版組另一名QC的工作態度不滿意，便將鄒慧調回銘版組工作，而時間卻僅為一天。面對隨意的調動以及不穩定的工作狀態，鄒慧的心中充滿了不滿，按她的話說：「我現在是結婚了，我要是沒結婚，我早就跳了，這樣調來調去的，好煩啊。」但是，已婚的鄒慧終究選擇了繼續留在五金部工作，隱忍則是她對待「老大」的基本態度：

> 反正她說什麼我就聽，除非下次我改一下就可以了，沒什麼的。我不像他們那些總是跟她頂嘴，你跟她頂嘴幹嘛，她是老大，她說你是應該的。你不可能人家是老大，人家說一句，你說兩句。

（鄒慧，女，已婚，1979年出生）

已婚女性農民工對於工作的基本態度受到諸多因素的影響。首先，女性往往處於工廠等級結構的最底層，階級身份、戶籍身份和性別身份共同決定了她們被剝削和被壓迫的地位。其次，考慮到家庭經濟狀況以及自身所擔負的責任，能夠帶來穩定收入的工作對於女性及其家庭來說十分重要。再次，從屬性遷移縮小了女性選擇遷入地的範圍，而年齡的增大又降低了她們在勞動力市場上的競爭力，這些都增加了她們進廠的難度。此外，以自離方式離開工廠的

員工需要承擔相應的經濟損失，而重返勞動力市場的經濟成本也是不可避免的。因此，她們在處理工作中所出現的問題，以及在工作之間所進行的取捨，都表現出更多的忍耐、謹慎和理智。

值得注意的是，當已婚女性在工作場所中能夠得到丈夫的庇佑時，她們應對矛盾的態度和方式便出現了明顯的變化。2007年田野調查期間，五金部絲印組內發生過兩次激烈的衝突，其中之一便發生在QC組長馮春與絲印主任于貴之間。馮春的丈夫阿斌是五金部刀模組組長，也是該部門資歷最老的員工之一。2006年7月，沒有任何QC工作經驗的馮春被提升為QC組長。她坦言：「我也不知他們是，是到底看上我做事行呢，還是看我老公在這裏讓我做，我也不知道他們是什麼原因。我想要是我老公不在這裏，他們也不會讓我做的，我想可能是這個原因。」絲印組與QC組分屬於不同部門，但由於需要對產品進行質量檢驗，馮春的三名下屬進駐絲印組工作。一方負責生產，一方負責質檢，兩部門在生產過程中的摩擦是不可避免的。根據在絲印組的參與式觀察，儘管可能由於工作問題而產生意見上的不一致，但QC通常傾向於以對方可接受的方式將問題提出，並避免與絲印工人直接產生矛盾或衝突。然而，馮春對於工作問題的理解更為敏感。在她看來，于貴管理下的絲印組「有時候不跟我們配合，故意刁難我們整我們」，而兩人在工作過程中也時常產生矛盾。調查期間，他們發生的激烈衝突起因於一名QC與絲印工之間的工作問題。于貴以主任的身份責備QC質檢的失誤，馮春以維護下屬的姿態與于貴發生口角。兩人的爭吵愈演愈烈，所有員工都摒住呼吸並停止工作。最後，兩人先後狠狠地甩上了絲印組的大門，怒氣衝衝地走到經理室去解決矛盾。當事的QC與絲印工都垂頭喪氣，另一名絲印工胡慶則評價：「阿斌的老婆真夠厲害的。」

馮春在訪談中也提及此事，按照她的說法：「要不我老公不在這裏的話，我一個人早就被他們掐得水都沒得喝了的了。」在她看來，丈夫阿斌的存在是她在五金部得以生存的後盾和保障，而從她處理

問題的方式可以看出她的有恃無恐。當其他員工對她進行評價時，也並非以其獨立的個體身份為依據，而是以其從屬的配偶身份為依據。據說，前任QC組長也曾與絲印組長趙鵬發生衝突，趙鵬更對其大打出手，最後則以趙鵬的2,000元賠償以及前組長的離職為了結。可以推斷，高級管理層之所以任命馮春為QC組長，馮春之所以敢於與他人發生衝突，都與其丈夫阿斌在五金部工作並具有較深資歷密切相關。不得不承認，即使在獨立於家庭的工作場所中，已婚女性仍然不是作為獨立個體而存在的，她們所受到的待遇以及她們的應對方式都會受到其家庭身份和背景的影響。

4.5 母親的兩難：從外出到返鄉

與妻子和兒媳的身份不同，作為母親的已婚女性在應對與子女之間的關係時，並不處於等級結構中的弱勢。母親身份給她們帶來的責任，儘管也會構成壓力，但並不以壓迫的姿態出現。然而，這並不意味著這一身份對於已婚女性遷移過程的影響力相對較弱。事實上，她們在進行遷移決策和實踐時，都會將孩子作為重要的影響因素納入考量範圍之內。對於許多母親來說，她們之所以參與城鄉遷移，在很大程度上是因為渴望通過自己的努力為孩子創造出更加優越的經濟環境。孩子的未來成為母親的生活理想和動力，如同蘇珍所說的：

> 我一心就想著我兒子比我好一點就行，我就我就這樣的理想，我別的沒有什麼理想，我一生都是這樣的理想，我賺錢都是為了他，我的目的也是為了他，我沒有敢想到我的理想啊，多賺錢老了享受啊，沒有。
>
> （蘇珍，女，已婚，1977年出生）

出於對孩子的愛與期待而外出打工賺錢，卻無法給予留守兒童成長所需要的照料和關懷，是中國農村母親所面臨的兩難境地（Loyalka, 2012: 168）。在蘇珍看來，打工所帶來的遺憾是「一個家團圓不了，在一起真是很少的時間」。但只要孩子今後「不要像我們走我們這一條路」，她們的付出便是值得的。抱著為孩子創造美好未來的信念，她們能夠忍受與孩子暫時分離的痛苦，繼續實踐充滿希望和無奈的選擇。

儘管孩子遠在家鄉，身處城市的母親依然會為了孩子而約束自己的日常生活。有一個10歲女兒的苗華告訴我，她在買東西時，從來不和年輕女工攀比，她說衣服只要夠穿能保暖就可以，吃的只要保證身體就可以。就連買水果的時候，她都想到自己的女兒，節儉地花錢。同樣一個10歲兒子的蘇珍也表示，她在城市中的所有開銷都是精打細算的：

> 我在這裏，我該花的錢我就花，我不該花的錢，我從來不會去花。人家像我們那個包裝組的人啊，愛穿啊，我從來不買。因為我要想著我給我兒子賺一點錢，放在那裏，我兒子以後好讀書，要上的時候要，我就這樣想。我不，我不給每個人都要比，我不比，我從來不比。我只要有自己能吃得飽，餓不著我的身體，身體不能毀壞，就可以了。
>
> （蘇珍，女，已婚，1977年出生）

打工賺錢本來就充滿艱辛，所以需要在開源的同時也注意節流。對於母親來說，孩子的利益是需要優先考量的。相比之下，自己的需求則可以被最大程度地擠壓。當滿足自我需求的消費與成就孩子未來的儲蓄產生矛盾時，母親毫無保留地將利益讓位於孩子。所以，她們對待自己是節儉甚至苛刻的。

空間上的分離並不能阻礙母親對孩子的思念，反而會增添她們的牽掛。即使孩子在農村家庭中能夠得到溫飽上的照料，但學習問

題依然會成為困擾外出母親的重要因素。姚玲兒子的學習成績不甚
理想，這已經成為她繼續打工的最大障礙：

> 我婆婆說，我兒子學習差勁嘛，沒人管，就是說我婆婆跟我公
> 公管不到他，很調皮的，管不到。他學習差勁，學習成績不
> 好，老師有時候又不是說光管他一個人，老師也不管那麼多，
> 就靠家長回去輔導。他爺爺奶奶又好像也管不到，就是說爸爸
> 媽媽不在家，他們就是供他吃供他穿，吃好喝好就可以了，他
> 們也管不到什麼，學習啊什麼的，他們有時候像小孩大了，他
> 管不到。有時候他問他有沒有作業啊什麼，他會跟他說謊的，
> 說沒有就出去玩。我婆婆有時候這樣說，我都很想回去的，一
> 天都不想在這裏做了。有一次我婆婆說，他老師說，我兒子在
> 學校不寫字不學，老是玩，很想回去的，很想回去的。
>
> （姚玲，女，已婚，1977年出生）

母親之所以能夠忍受與孩子的分離，在很大程度上是因為她們
相信外出打工的選擇更加有利於孩子的未來。打工賺錢，是為了給
孩子提供良好的成長空間而奠定物質基礎。然而，當自己的缺位
嚴重影響到孩子的成長，特別是對他們的學業產生不利影響時，外
出打工帶來非目的性的負面後果便顛覆了打工的初衷，顯得得不償
失。因為教育被認為是改變命運的重要途徑，直接關係到孩子未來
的發展。家長若不能從旁監督和輔導，很容易影響孩子在學業上的
表現。當問題出現，母親基於照料孩子的職責，需要在打工和返鄉
之間重新作出選擇。

此外，與孩子之間的情感關係也成為影響已婚女性遷移選擇的
重要因素。越來越多的母親開始認識到親子關係對於孩子的重要意
義。在成長過程中，和諧的家庭關係有時比優越的物質條件和教育
資源更為重要。為了加強他們之間的情感紐帶，更好地與孩子進行
交流和溝通，有些母親開始意識到需要根據孩子的心理狀態而調整

自己在城市中打工的時間安排。正如夏萍所說的：

> 打工在這裏錢也沒掙到，小孩也沒感情了。小孩一般都到七八歲，八九歲，那個心裏面，那個叛逆的心，他就定型了。你要跟他溝通，再大了話，你都溝通不了了，再大了，你到十多歲了你再回家的話，你成天也沒帶我，你管我那麼多幹嘛，到那時他會和你頂。哎呀，準備再幹個幾年，幾年吧，該回家了，帶小孩了，再不帶沒感情了。

> （夏萍，女，已婚，1985年出生）

母親在關心孩子學業上的表現之外，也越來越重視與他們之間情感關係的建立與培養。良好的家庭教育得益於和諧的親子關係與有效的溝通方式。家長在孩子成長過程中的缺位，不利於親子關係的建立，也不利於孩子的健康成長。因此，母親更加傾向於根據孩子的成長狀態調整自己在外打工的安排。

對於身為母親的已婚女性來說，她們的遷移決策、城市生活和返鄉規劃，往往與盡最大努力為孩子提供良好成長環境的渴望密切相關。面對陪伴孩子成長和外出打工賺錢之間的兩難抉擇，母親往往會基於愛與責任，以她們認為更加有利於孩子未來的方式展開實踐。這一方面與母親和孩子之間強烈的情感聯繫相關，另一方面，也與性別規範對於母職的期待相關。於是便在無形之中提高了母親城鄉遷移的情感成本，使得她們在遷移過程中背負了更多對於孩子的顧慮、擔憂甚至愧疚。

對於農村已婚女性城鄉遷移過程的理解，不能離開她們在農村家庭之中的位置與責任。在農村社會，家庭的權力關係和角色分工是以性別和代際維度為線索進行組織的。無論從哪個維度出發，已婚女性農民工在家庭性別權力關係中都處於受支配的一方。作為家務勞動的責任主體，她們需要在家庭生活照料中「連續的在場」，而城鄉遷移又在客觀上導致她們「不連續的缺位」。連續與不連續、在

場與缺位，其中所產生的矛盾和緊張，在已婚女性農民工的遷移中持續存在。因此，她們需要在城鄉遷移中通過不同的策略，平衡這些並不平衡的關係。與男性不同，她們的遷移已不再背負過多與個人理想、自我價值相關的渴望和期待，而更多地表現為對於家庭規範和性別秩序的順從或反抗。這種順從與反抗，同樣存在於她們在工作實踐中對工廠等級制度的回應。可見在經驗層面上，它們從來不是割裂的。

註　釋

1　有些受訪者曾經多次進出沙岩廠，這裏所記錄的進入沙岩廠年份是指受訪者最近一次進入該廠的年份。

2　方梅於1974年出生，初中畢業後外出打工，由於時間久遠，具體年份不詳。

3　鄒慧此次辭工是由於男友要求她返回結婚，但最終鄒慧並沒有和該男友結婚。文中所提及的鄒慧的丈夫，是其後她相親的，並於2004年11月結婚。

第五章
從傳統走向現代
新生代農民工的婚戀實踐[1]

在越接近現代化的環境中，人們越嚮往自由戀愛的浪漫體驗（徐安琪，2000）。中國社會的婚戀模式，也在現代化進程中經歷著從傳統向現代的轉變（Parish & Whyte, 1978; Davis & Harrel, 1993; Yan, 2002）。新型婚戀模式的出現受到了社會經濟發展、現代化與城市化、遷移與流動等要素的共同作用（阮新邦、羅沛霖、賀玉英，1998; Raeann & Ingoldsby, 2003; Gaetano, 2008）。事實上，城鄉遷移與婚戀模式的互動在進入21世紀之後呈現出更加豐富的內容，在很大程度上得益於新生代農民工的婚戀體驗。經驗研究發現，傳統婚姻觀念會在遷移過程中逐漸被現代婚姻觀念所替代（Hirsch, 2003），從而帶來婚戀模式的改變。然而，當城市化困境與婚姻困境交織在一起時，農民工的婚戀體驗也將充滿艱辛（周偉文、侯建華，2010）。新生代農民工在遷移過程中圍繞著婚戀主題開展了哪些實踐，他們的婚戀觀念與模式發生了怎樣的改變，而這些改變又會將傳統帶向怎樣的「現代」，是以下討論所關心的重點。

5.1 中國農村的婚姻制度與實踐

　　婚姻是一種人際關係，作為組成家庭的基本方式，它需要獲得習俗、法律或者兩者兼而有之的認可。婚姻實踐也是在特定禮俗與準則的指引、規範和約束下進行的。由這些禮俗與準則所構成的「婚姻制度」，是特定時間、空間以及文化下的產物。在不同的社會形態與歷史時期，不同地區的婚姻制度與實踐不盡相同。它既要符合社會發展與時代變遷的需要，又繼承和延續著地方文化與傳統習俗。

5.1.1 婚姻法及其實施

　　婚姻法的變遷：1950年，國家頒佈了第一部婚姻法，[2]其中第一條便是廢除包辦強迫、男尊女卑、漠視子女利益的封建主義婚姻家庭制度，實行婚姻自由、一夫一妻、男女平等、保護婦女和兒童權益的新民主主義婚姻家庭制度。該條法規的提出是有的放矢的。1949年之前，在父權制下的中國，農村和城市大部分地區的婚姻是包辦的（Parish & Whyte, 1978: 156）；「一夫一妻多妾制」，也就是實質上的「一夫多妻制」，更是普遍存在。自1950年起，「婚姻自由」、「一夫一妻」和「男女平等」被確立為新中國婚姻制度的基本原則。在其後1980年的婚姻法[3]和2001年的修正[4]中，這些原則始終未曾改變。

　　在基本原則的指導下，婚姻法及相關政策對婚姻實踐的不同方面進行了規定。其中，結婚年齡是最為明確的規範之一。1950年婚姻法規定，「男二十歲，女十八歲，始得結婚」（1950年，第四條）。在20世紀70年代，隨著計劃生育政策的提出，晚婚政策被推向了高潮。費孝通（1998: 125）曾指出，在鄉土中國，婚姻是「男女相約共同擔負撫育他們所生孩子的責任」。人們通過締結婚姻而組成家庭，從而履行繁衍後代和延續香火的基本職能。因此，當生育問題被提上議事日程，即使婚姻法未經修改，有關結婚年齡的規範也進行了調整。1973年12月，中國第一次計劃生育彙報會上提出「晚、稀、少」

的計劃生育政策，其中「晚」便是指晚婚，即女性23周歲、男性25周歲結婚。到了1978年6月，國務院計劃生育領導小組會議進一步明確該方針的內涵，在農村提倡的晚婚年齡是女23周歲和男25周歲，城市則略高於農村。1980年，獨生子女政策在農村全面收縮，晚婚年齡得以廢止（湯兆雲，2010）。同年，新通過的婚姻法又對結婚年齡進行了修改，並規定「結婚年齡，男不得早於二十二周歲，女不得早於二十周歲。晚婚晚育應予鼓勵」（1980年，第六條）。至今，國家法定的結婚年齡也依然如此。

除此之外，婚姻法還規定了禁止結婚的情形以及結婚手續的辦理等相關問題。1950年婚姻法在某些方面鼓勵「入鄉隨俗」，如五代內近親結婚「從習慣」[5]的規定；而在其他方面，則沒有進行具體規範，如婚後從夫居問題（Parish & Whyte, 1978: 158）。其後的兩部婚姻法，陸續對這些問題作出回應。例如關於旁系血親禁止結婚的問題，1980年婚姻法將「其他五代內的旁系血親間禁止結婚的問題，從習慣」（1950年，第五條之一）修改為「三代以內的旁系血親」禁止結婚（1980年，第六條之一）。為了貫徹男女平等原則，確認夫妻平等的住所選擇權和決定權，2001年婚姻法又將原條文修改為「男方可以成為女方家庭的成員」（2001年，第九條）。

農村地區婚姻法的實施：在制訂和修改法律法規的同時，國家也通過不同渠道和方式推動它們在農村的執行。1950–1953年，農村地區的婚姻改革是與土地改革相互配合而開展的（Parish & Whyte, 1978: 158）；1970年代，晚婚政策又是作為計劃生育政策的重要組成部分而予以推廣的（湯兆雲，2010）。儘管制度改革並不能一蹴而就，但在有組織有目的的宣傳與推動之下，政策的實施也取得了一定成效。圖5.1[6]顯示出，農村男性和女性的初婚年齡在婚姻法與相關政策的交替作用下所發生的變化。在1950年婚姻法作用的50、60年代，兩性的初婚年齡普遍處於較低水平。隨著晚婚政策的推廣，它們都呈現出上升趨勢，並於70年代末達到頂峰。自1980年起，初

婚年齡又隨著該政策的廢止而逐漸下降。但由於受到1980年婚姻法的影響，其普遍水平仍然高於50、60年代。

圖5.1：中國北方農村地區兩性平均初婚年齡[7]

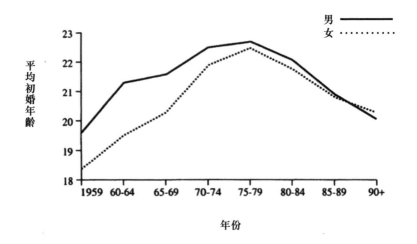

不可否認，通過制訂、宣傳和實施相關法規，國家在婚姻制度從傳統向現代的轉變過程中扮演了十分重要的角色。但仍須注意的是，法律並不是婚姻制度的全部。無論是出於對地方習俗的尊重，抑或是為了彌補法律條文的空白，許多傳統的、習俗的和慣例的婚姻實踐，特別是在農村地區，都得到了繼承（Zhang, 2000）。改革開放之後，農村地區的人民公社和生產隊得以解散，人們便不再需要通過婚姻登記而獲得婚後生產隊轉換的合法途徑，從而也大大降低了其所擁有的約束力。在農村地區，辦理婚姻登記不再是必不可少的結婚程序，人們又回歸到以婚姻儀式確立和宣告婚姻關係的傳統，也就是所謂的事實婚姻。可見，法律與禮俗的交互作用，勾勒出農村婚姻實踐的基本圖景。

5.1.2 婚姻實踐與父母的干預

指定選擇式婚姻和自由市場式婚姻是擇偶模式的兩大類型（Goode, 1959），與包辦婚姻和自主婚姻相對應，分別代表著傳統與現代的婚戀模式。中國農村的婚姻實踐，在從傳統到現代的轉變中發展出介於兩者之間的「新式包辦婚姻」，是當代農村社會婚姻實踐的主要方式。在以「相親－訂婚－結婚」為基本流程的新式包辦婚姻實踐中，父母扮演了十分重要的角色。事實上，大量研究表明，父母對子女配偶選擇的重要影響是集體主義文化中普遍存在的特徵（Riley, 1994; Xie & Combs, 1996; Buunk, Park & Duncan, 2010），中國也不例外。1970 年代，白威廉和懷默廷（Parish & Whyte, 1978: 169）在中國農村所進行的調查發現，儘管「盲婚啞嫁」已經成為過去，青年人自由戀愛而父母不參與意見的婚姻也是罕見的。「新式包辦婚姻」往往在父母的主導下開始並進行，而男方家長在整個過程中顯示出更多的主動性。在家庭條件允許的情況下，男方家長會主動通過各種途徑為兒子物色結婚對象。儘管女方家長也會在為女兒進行挑選，但通常是以接受或拒絕上門提親的方式來實現。媒人扮演了中間人的角色，牽線搭橋以促成婚姻。來自河南的沈俏介紹：

> 就是家庭條件好嘛，就一個兒子，家裏面蓋著樓房，父母還年輕嘛，四十多歲，家裏有錢嘛，可以小孩十七八歲就學個技術啊，小孩家庭可以，長的還可以，好小十七八歲家裏面就介紹就說媒，二十左右都結婚了。

> （沈俏，女，未婚，1983 年出生）

即使不直接包辦子女的婚姻，父母也會試圖通過限制他們的社會互動來控制其伴侶的選擇（Talbani & Hasanali, 2000）。未經允許的自由戀愛往往會受到來自父母的巨大阻力，從而導致戀情的無疾而終。2007 年，18 歲的江琳與家鄉的一個男孩自由戀愛。當父母得知

此事之後，因對男孩及其家庭不滿意，便採取各種措施予以阻撓。父親沒收了她的手機，母親每天傷心地哭泣。面對這種狀況，儘管江琳現在坦言「有一點後悔」，但當時還是選擇了放棄：

> 他就說他有什麼不好的呢，我說我也沒說你不好。我說只不過，只不過，我也不想讓我爸跟我媽為難，畢竟我爸跟我媽就我一個女兒。他說那我爸跟我媽不就我一個兒子啊，他這樣說誒，呵呵，他說。我說我知道啊，但是你跟我不同，我說我爸跟我媽不是像人家一般父母那麼好說話的，我說，我說更何況他們就我一個女兒，我也不想讓他們傷心啊，如果那樣做的話，他們肯定會怎麼樣，那樣說。
>
> （江琳，女，未婚，1989年出生）

可見，在當今農村社會，父母對於子女婚姻實踐的干預仍然十分嚴重。古德（Goode, 1959: 45）曾經指出，他們威脅、哄騙、賄賂，並且說服孩子在戀愛遊戲和求愛過程中「與對的人在一起」，將自己的意志貫徹到子女的配偶選擇上。這種情況在農村青年的擇偶過程中依然屢見不鮮，從而在很大程度上降低了他們的婚姻自主性。

5.2 新生代農民工在城市的愛情經歷

當農村青年離開家鄉進入城市之後，遷移所帶來的改變滲透到他們生活的方方面面。可以說，從第一腳踏入城市的時候起，他們便開始了從傳統向現代的轉變。隨著與城市現代文化的適應與融合，傳統婚戀觀念慢慢地發生改變，農民工也逐漸地發展著自己獨特的婚戀觀念（風笑天，2006；賀飛，2007；許傳新，2013）。對於適婚年齡的青年男女來說，觀念的改變必然會反映在他們的生活實踐之中。調查瞭解到，處於未婚狀態的農民工在打工過程中大都

有過戀愛經驗，也有一部分正處於戀愛狀態，或者正在追逐浪漫愛情。在五金部絲印組，男工宋志和女工阿桂是一對公開的男女朋友。在朝夕共處的時光裏，兩人漸漸培養出深厚的感情。至2007年，他們已經相戀約兩年的時間。女工阿洋自進入絲印組之後，便成為多個單身男工競相追求的對象。雖然這些追求者中並未有人成功，當仍然阻擋不住那些後來者的熱情。

愛情改變了原本單調的打工生活。在沙岩廠五金部車間的女廁所裏，經常能夠在不同隔間的門板上看到女工的塗鴉。下面這段文字便是其中的一部分：

真的好想你　用我的 ♥ 代表★★天天照著你

我愛他　他為什麼老和我吵架

那是因為他已經不愛你了　最好是和他分手

我不會和他分手的　永遠不會

「愛一個人就是要學會抱榮[8]他的一切」

從這短短的幾行文字不難推斷，它們是出於戀愛中的女工。戀愛中的甜蜜與痛苦，對愛情的執著與疑惑，充斥著她們的生活，為她們原本枯燥的打工生活增添了幾分色彩。

5.2.1 滋生愛情的土壤

擴大的婚姻市場：青年農民工在遷移過程中萌生愛意並不是偶然的，處於適婚年齡的他們對愛情和婚姻充滿了期待。從表5.1可以看出，大多數受訪的未婚農民工在第一次外出打工時便已到了情竇初開的年齡。在調查期間，他們的年齡不僅已經達到甚至超過農村社會的適婚標準。然而，城鄉遷移造成農民工與農村社區在空間上的分離，導致他們在某種程度上與農村婚姻市場的脫節，從而阻礙他們通過農村婚姻市場來獲得愛情和婚姻。

表5.1：受訪者中未婚青年的出生年份、初次遷移年份及相關年齡信息

代稱	性別	出生年份	初次遷移年份	初次遷移年齡	調查期間年齡
董江	男	1991	2007	16	18
何旺	男	1983	2006	23	24
姜磊	男	1987	2005	18	20
林勇	男	1989	2007	18	20
潘峰	男	1990	2008	18	19
邵天	男	1982	1999	17	27
石兵	男	1984	2003	19	25
宋志	男	1981	2003	22	26
吳明	男	1987	2007	20	22
周德	男	1990	2006	16	17
郭芬	女	1987	2006	19	22
賈鈺	女	1990	2007	17	19
江琳	女	1989	2004	15	20
李穎	女	1986	2002	16	21
劉倩	女	1990	2008	18	19
沈俏	女	1983	2005	22	24
許佳	女	1986	2004	18	23
楊娟	女	1988	2004	16	19
朱婷	女	1991	2007	16	18

　　但有失也有得。在城市之中，未婚農民工有機會接觸到來自四面八方的同齡人。根據白南生和何宇鵬（2002）在安徽和四川歷時四年的實證調查，在全部農村勞動力中，未婚者僅有18.3%，而在仍外出勞動力中則有48%的未婚者。到了2010年，新生代農民工專項調查顯示，他們中的70%處於單身狀態，[9]且性別構成趨於均衡化（段成榮等，2008），正處於婚戀的活躍時期。這個群體數量龐大、充滿異質性又具有較高的流動性，拓寬了他們的選擇空間。來自湖北的郭芬與家鄉的男朋友已經談戀愛近四年了。由於男友在家鄉打工，兩人一直處於遠距離戀愛的狀態。獨自在外打工的她，曾經接受了工廠一位男工的追求，並與家鄉的男朋友分手。儘管這段戀情並沒有持久，但不可否認，在城市打工的過程讓她有機會接觸更多的異性，並且體驗更加豐富的愛情生活。她曾回憶道：

> 那個男孩子，我好像剛開始我是很喜歡他哦，可是後來後來我就覺得他，我就覺得我對他的喜歡不是喜歡，我覺得他有很多缺點，然後他喜歡打牌啊，然後他這個人呢，反正對感情也不是很專一，好像他不光只喜歡我，他還有另外的另外的女朋友，我就覺得我跟他，我就覺得這個人好像是不可靠，對我好像不是真心的吧。

（郭芬，女，未婚，1987年出生）

　　現代都市生活：農村青年對於都市生活最初的感受是間接而深刻的，是來自那些更早外出的打工者在返回家鄉時所帶來的衝擊。無論是河南的江琳、廣東的賈鈺抑或湖北的郭芬，都用「風光」和「時髦」來形容那些外出返鄉的女性伙伴。出於對她們外貌、服裝以及各種新鮮事物的羨慕，她們也躍躍欲試，渴望到城市中「見見世面」：

> 就是我那個同學她說，她說在外面好，因為我們家裏面也有很多出去打工的，回來的時候風風光光啊，帶了許多好吃的，還

有很多什麼沒有玩過的東西啊，然後就比較羨慕她們吧。看見
她們回來都是穿得也比較時髦啊，然後人也變得漂亮了，然後
就想出來了，呵呵。

（郭芬，女，未婚，1987年出生）

對於初到城市的農村女性來說，現代化對她們最直接而醒目的
影響往往體現在個人形象的改變。當沈俏回憶起第一次進入城市時
的裝扮，她是這樣評價的：

你不知道我剛從家出來好老土啊，穿了一個，我家沒這裏熱
嘛，穿了一個牛仔褲，裏面穿了一個秋衣，下面穿個高跟鞋，
穿個西褲，走到車站了，走到那個廣東車站的時候下車，我把
高跟鞋脫了，換雙步鞋。

（沈俏，女，未婚，1983年出生）

女工常常用「老土」來形容初到城市的自己。而在打工過程中，
他們則會不遺餘力地追求形象的改變。田野調查期間，我常會利用
晚上或週末的時間和女工友一起逛街。也正是在那樣的場合裏，才
有機會見到脫掉工服後光鮮亮麗的她們。和沈俏逛街的一晚，她
是這樣打扮的：離子燙後的直髮梳成了馬尾，上衣是白底黑色花紋
的短袖T恤，下身則穿著淡蘭色牛仔短裙，戴著白色珍珠項煉。當
我翻看田野期間為這些女工所照的照片時，常常會為她們青春、靚
麗、都市化的女性形象而感慨。不少女工會在工廠附近的照相館拍
攝藝術照，特別是在她們返回家鄉之前，將這些都市女性形象的照
片留作永久的紀念。

根據戈夫曼（Goffman, 1977），求愛行為通常發生在兩性處於十
幾或二十歲出頭，也就是生物基礎上女性最大限度地符合理想的、
具有性吸引力的時候。儘管青年女工自我形象的塑造並不一定是為
了吸引男性的注意，但這往往會提升她的自信和吸引力，從而得到

更多的欣賞乃至愛慕。另一方面，男性在尋找戀愛對象時，確實會對女性的外貌與形象有所期待。2007年調查期間，楊娟開始與五金部的一名男工談戀愛。同年11月，當我重返沙岩廠探望工友時，他們卻已經分手。當問及分手原因時，楊娟說「他喜歡擦香水的那種女人」。可見，都市女性形象影響著男性農民工的審美標準，而女性自我形象的塑造在一定程度上對愛情生活十分重要。

　　一般來講，青年男女之間的追求與戀愛往往是從日常的接觸和互動中開始的。在工廠之中，集中的工作和生活空間為未婚農民工提供了方便的外部環境。儘管工廠之內存在職業間的性別隔離，但男性和女性的工作空間並不是封閉的。整個沙岩廠五金部都集中在一層生產車間之內，不同組別的工人在開放式的環境中進行生產操作，便有了看見與被看見、瞭解與被瞭解的機會。工廠之外，圍繞著工廠所建設起來的餐飲、購物、娛樂設施也為青年農民工進一步的接觸與互動提供適宜的場所。在沙岩廠周邊，餐廳、歌廳、溜冰場、網吧、商場、超市、夜市等都市生活的消費場所一應俱全。每天晚上八九點之後，是工廠周邊最為熱鬧的時候。剛剛下班的工人三五成群地走出工廠吃夜宵、逛夜市和超市，是他們結束一天辛苦工作之後的放鬆。到了週末休息日，他們的業餘活動變得更加豐富，逛街、上網、聚餐，還有每週六晚超市門前人山人海的廣場迪斯科，都成為他們假日休閒的主要選擇。

　　擺脫控制與忍受孤獨：外出打工的農村青年與留守家鄉的父母在空間上分離，從而使得他們在很大程度上擺脫了父母對於日常生活的監督與控制。在城市之中，他們擁有更多空間去自主地安排和規劃業餘生活。無論是否能夠得到父母的支持，未婚農民工得以自由地體驗愛情。儘管戀愛並不一定能夠走向婚姻，但他們走向自主婚姻的可能性隨之增大。苗華的家鄉在河南，她的外甥女同在流沙地區打工。打工期間，外甥女和一位來自廣西的男工戀愛。當父母得知女兒的男朋友是來自外省，便竭盡所能地反對他們之間戀情的

發展，以免締結跨省婚姻。但鞭長莫及的父母難以有效阻止女兒戀愛，便希望通過苗華瞭解對方更多的情況。當苗華提出要與外甥女的男朋友見面時，遭到了外甥女果斷的拒絕：

> 她說分了，看啥看，她說看啥看，我媽都不願意看啥看。她媽是讓我看下這男孩子長的怎麼樣。如果是，如果真的是她媽管不到她，她跟這個男孩子跑了，將來人連見到什麼樣都見不到，是不是，讓我瞄一眼。如果真的管不了，就隨她的便，那就沒辦法，順其自然，你管她距離，我也家裏人起碼也見到長什麼樣了是吧長得，沒一個人見到。如果真的跑了，跟他跑了跟他一塊跑了，沒辦法，家裏看到不到人，她說嫁得好，她媽說你別上當受騙了，就這樣，去去，沒辦法。

> （苗華，女，已婚，1976年出生）

當然，未婚農民工陷入不被贊成的愛情之中，並不一定是出於對父母的反抗。在某種程度上，他們的愛情體驗彌補了自身在心靈與情感上的空虛。與家人和家鄉在空間上的分離給外出打工者所帶來的，不僅有脫離控制的自由，還有失去陪伴的孤獨。儘管現代通訊工具的使用能夠幫助他們與家人保持必要的溝通，但家人不在身邊的孤單以及應對陌生環境的艱辛仍然會給他們——特別是那些缺乏打工經驗的青年——帶來很多渴望關心與陪伴的情感需求。在這種情境下，愛情便成為能夠給他們帶來心靈慰藉的良藥。相比之下，女性的感受較男性更為強烈，沈俏便是其中一個代表。2005年，第一次離開家鄉河南的沈俏來到流沙地區打工。在一名同廠男工熱情的追求下，備感溫暖的她不顧地域的差別，毅然與來自廣西的他陷入了愛情：

> 女孩子出來說心裏覺得孤單，這男孩子對你好，你就感激他，就會給他拍拖。兩個人就會覺得互相有個關照，覺得心裏面缺

少了一點母愛關愛，沒有人關心嘛。那種他關心一點，覺得心
裏面就覺得好一點，就覺得這人對你好一些，喜歡你，覺得他
對你好，就這一點心理，好多女孩子都會這樣的，不光我一個
人說，好多女孩子心裏都是這樣的心理，我就跟他拍拖了。

（沈俏，女，未婚，1983 年出生）

外出打工所帶來的空間分離，通過削弱家人的控制和導致情感
的孤獨，一方面為未婚農民工之間愛情的產生和發展創造了便利的
空間，另一方面也使得這種產生和發展成為了情感的必需。

5.2.2 消費與愛情生活

生產與消費的共生，在城市之中表現得淋漓盡致。生活在城市
之中，消費的種類與名目繁多。不僅僅衣食住行離不開消費，休閒
娛樂所帶來的消費也不免增加。在受訪的未婚農民工中，儘管擁有
固定收入，但他們用於儲蓄和匯款的部分卻相對較少，而「月光族」
卻不少見。談及日常消費，19 歲的劉倩這樣說：

玩啊，買衣服啊，現在花的錢，一百塊錢好像隨便一打發就沒
了，一化開就沒了。像我們女孩子嘛，喜歡吃零食，去一下超
市就三四十塊沒了，買一些零食，因為那食堂的伙食很差嘛，
吃不飽嘛，會很餓，然後晚上出去吃夜宵。然後買一些衣服，
一個女的很喜歡買衣服的，一買的話，一個月就得花一兩百
塊，兩三百塊都有。還有有時候他們有時候就很多人想要去
玩，現在要去玩的話，你去玩也要得花錢啊，有時候那些買門
票啊或者之類的。

（劉倩，女，未婚，1990 年出生）

相比之下，男性青年的消費狀況也是有過之而無不及。吃夜
宵、唱歌、喝酒是姜磊最主要的消費項目。雖然知道「再這樣下去消

費，自己都養活不了」，但他表示：「誰叫我朋友多呢，朋友多就是
這樣，花費多嘛。如果你朋友多了，如果你不出去消費一下，那也
是不行的。」事實上，消費既是經濟能力的一種體現，同時也傳遞出
「大方」的品質，成為年輕的男性農民工構建男性氣質的一種方式。

　　儘管感情不能用金錢衡量，但青年男女之間的戀愛實踐卻是伴
隨著消費行為而展開的。根據胡珍和程靜（2008）在四川成都所進行
的專題調查，約40%的青年農民工用於戀愛的支出佔自己收入的四分
之一至一半，更有超過20%的青年支出了他們一半以上的收入。自我
形象的塑造是他們對愛情進行投資的重要組成部分。對自我形象缺
乏管理的青年農民工，不免受到同輩群體的嘲笑甚至排斥。2007年
田野調查期間，絲印組的一位女員工在新進廠幾天穿同一條褲子的
現象，引起部門其他年輕員工的注目，並成為他們熱議的話題。在
五金部絲印組，員工的上衣和拖鞋是標準化的，褲子便成為他們得
以打扮自己的唯一服飾。連續幾天穿著同一條褲子，似乎成為一件
不可思議的事。「今天你換褲子了嗎」一時間成為其他員工之間對她
進行嘲笑的流行語，其中也不乏男性的聲音。可見，為了獲得異性
的青睞，自我形象的塑造及其所帶來的消費都是必不可少的。

　　又根據戈夫曼（Goffman, 1977），求愛行為意味著原本保持距離
的男性逐漸成為更加親密的對象，也就意味著男性的試探行為將成
為求愛過程中的第一個舉動，諸如暗送秋波。誠然，儘管求愛策略
不盡相同，但男性的主動追求往往是戀愛的起點。2007年田野調查
期間，男工姜磊正在追求同組的女工阿洋。但是，他的開始卻並不
順利：

> 她沒說什麼，她就是叫我不要對她那麼好啊什麼的，就說了一
> 句，說她今年要回去相親了，沒說什麼。……剛開始，我跟
> 她說了如果，如果覺得不合適的話那我就放棄了，她也沒說什
> 麼，她說我也不知道怎麼跟你說，她就回了這一句話。
>
> （姜磊，男，未婚，1987年出生）

即便如此，姜磊也仍然努力地展開追求。在我週末返回香港的時候，他便拜託我從香港買一件價格在200元左右的Snoopy玩具作為禮物送給對方。對於每小時加班費只有4.5元的農民工來說，這確實是一份價值不菲的禮物。與此同時，與男友分手不久的沈俏開始和包裝組的搬運工眉目傳情，更有同事開玩笑要求他們請吃「拖糖」。[10] 幾天之後，包裝組的兩名女工八卦說那名搬運工給沈俏的手機充了100元話費。可見，為了獲得異性的好感而產生的消費，成為青年農民工愛情投資的另一組成部分。

5.2.3 婚前性行為的出現與影響

情感和浪漫關係常常與性關係相伴隨，並且會隨之加強和擴展（Gagnon, 1977）。但中國傳統上是一個談「性」色變的社會，而且婚前性行為和同居在農村文化中並沒有得到廣泛而又開誠布公的接納。現代化城市在性解放的道路上走在了農村的前面，婚前性行為和同居等現象變得越來越司空見慣。戀愛中的青年農民工，婚前性行為和未婚先孕的現象卻是屢見不鮮，並對性觀念和性關係的轉變產生深刻影響（胡珍、程靜，2008；靳小怡、任峰、悅中山，2008；宋月萍、張龍龍、段成榮，2012）。四川成都的調查顯示，男女青年農民工對婚前性行為持接受態度的比重分別是五分之四和四分之三；發生過婚前性行為的男性青年佔總數的51.1%，女性則佔34.4%（胡珍、程靜，2008）。這一現象無疑是對傳統倫理道德和社會秩序的挑戰（賀飛，2007），但是否能夠被理解為對真正意義上的現代、開放的價值與生活方式的擁抱，還有待商榷。

當與父母一同生活時，年輕人的行為通常會受到較多的約束。而在離開父母之後，他們往往感到更加自由與寬鬆，並有機會和條件去做一些他們原本想做卻又不能做的事情。在這種情況下，他們受到同輩群體和周圍環境的影響將會越來越大（Zheng et al., 2001）。

又有研究證明，同輩社會化在青少年形成對待異性態度與行為的過程中具有重要作用（Connolly, Furman & Konarski, 2000; Brown, 2004; Cavanagh, 2007）。可以推斷，在缺少家庭和「熟人社會」的監督與規範之下，加之受到同輩群體和城市文化環境的重要影響，未婚農民工的性觀念在遷移過程中變得更為開放，其婚前性行為也變得更為普遍。

同輩群體與文化環境：對性話題的注意，首先來源於五金部女廁所門板上的一段塗鴉：

人在人上　棍在肉中　上下抽動　快樂無窮

這段關於性行為的描述樸素又生動，充分表達出性行為所能帶來的愉悅與滿足。儘管不能確定這段塗鴉是否出自未婚女性，但不可否認，她們正生活在一個充滿性話語和性討論的現實環境之中。

農民工網絡，特別是同輩群體，往往會對網絡成員對待性行為（Zheng et al., 2001）和同居現象（Manning, Cohen & Smock, 2011）的態度產生重要影響。2005年深圳農民工專項調查顯示，通過自己的見聞，特別是與他人面對面的交流和討論，農民工自身對於婚前性行為以及婚外情的態度和觀念得以形成或發生改變（靳小怡、任峰、悦中山，2008）。在五金部包裝組，女工們在工作之餘的閒談毫不避諱地涉及性話題。一天，女工李穎的男朋友給她發來了一條短信。其他女工爭相傳閱之後，楊娟高聲朗讀：「親愛的老婆，我好想好想你，你的大姨媽應該來了吧？這個月，我這個月花了335塊錢的話費，你花了多少？」聽完之後，女工們開懷大笑。同組的阿雲說「她老公怕她懷孕了」，於是楊娟幫忙回應道：「怕什麼，懷孕了就結婚唄。」又有一天下午，與男朋友未婚同居的阿雲表示：「俺就要生兒子，俺有生兒子的秘方。」這些未婚女工之間的閒談透露出，未婚女工的婚前性行為在同輩之間並不是秘密，性及相關話題的討論在她們之間不僅不會引起尷尬或反感，反而會成為一種戲謔。

女性農民工接觸性話題的另一個重要渠道，是以雜誌為代表的大眾媒體。有時到未婚女工李穎的宿舍聊天，看到她正躺在床上津津有味地讀一本名為《西江月》的雜誌，其中充斥著對性行為進行露骨描寫的文章，以及性醫療服務的廣告。以下文字便是摘抄於其中的〈鄰居的愛〉一文：

> ……她的內褲和胸罩一樣都是淡藍色的，而且也是薄薄的網狀，小小的褲子將她白白的臀部繃得緊緊的，我一邊用手在她腰臀游動著，一邊掏出了我的雞巴，它早已硬得發痛。
>
> 我拉著張太太的手到後面來握我的雞巴，她不好意思的拿在手裏，訝異的說：哎呀！好硬啊！
>
> 你先生沒這麼硬嗎？我問她，她害羞的搖搖頭。……

該雜誌在沙岩廠的小賣部內便可以買到，同時出售的還有《打工妹》、《健康——鵬華》和《情知音》。《打工妹》中一篇名為〈血濺婚外情〉的文章，講述一名已婚女性農民工在打工過程中因為婚外情而導致的家庭悲劇，其中不僅充滿了性生活的描述，就連喝酒劃拳時的拳令也帶有性色彩，即：「一聲不響，二彈無光，三餐不食，四肢用力，五官不正，六親不認，七分不入，八成朽木，久（九）不上床，十分放浪。」在2007年第7期的《健康——鵬華》裏，一段關於女性與性的「純幽默短信」是這樣的：「女人有七品：小女孩是半成品，少女是成品，處女是極品，少婦是上品，自己的老婆是日常用品，別人的老婆是補品，老處女是紀念品。」

據發現所購得的《西江月》雜誌，其封面期刊號為2007年01期總第216期，而內頁期刊號則為2006年09期總第204期。通過互聯網進行搜索，除《健康——鵬華》的主辦單位深圳鵬華門診部之外，其他雜誌或出版單位的信息都無法獲得。又考慮到這些雜誌不僅內容低俗，而且錯別字繁多、紙質低劣，因此判斷它們屬於盜版雜誌的可能性極高。如果說1990年代，以農民工為讀者群的雜誌往往會

將「打工妹」刻畫為離開家鄉不僅是尋找工作、而且也尋找愛情和男人的性主體（Pun, 2005: 137），那麼到了2007年，農民工群體所接觸到的雜誌，更多的是以赤裸裸的性描寫和越軌性行為來吸引他們的眼球。這些文字不僅會強烈地刺激著他們的性衝動，也會衝擊著他們的性觀念，並對其性行為產生引導作用。

失範的性行為及其風險： 處於男女朋友關係的未婚農民工，在廠外同居的現象並不少見。比如男工何旺，自從與女朋友一起到流沙地區打工之後，他們便開始在一起同居；還有女工夏萍，她和丈夫是在打工期間相識相戀的，後因同居懷孕而選擇結婚，但至今仍然沒有進行婚姻登記，也沒有在家鄉舉辦過婚禮。從同居走向結婚，儘管在今後的婚姻生活中也容易產生很多問題，但對於男女雙方來說，畢竟不是不負責任的選擇。最為糟糕的情況，往往發生在未婚女性農民工身上，是男性的不負責任甚至始亂終棄。夏萍曾經透露，未婚女工沈俏已經有過四次流產的經歷：

> 她剛出來也不懂，那個男人為什麼給你花錢呢，他肯定是圖你
> 點什麼才給你花錢，不然他為什麼把錢花在你身上。像我們這
> 種出來時間長了的知道，她剛出來不知道，談著談著就跟人家
> 上床了，都流了三次了。她愛吃，愛佔小便宜，談了沒多久就
> 跟人家上床了。出來之前在家裏工廠裏上班，也跟人家搞過，
> 也流過一次產。

（夏萍，女，已婚，1985年出生）

與沈俏的訪談並沒有涉及流產問題，因為不願意觸及她的傷痛。沈俏曾談及她在遷移過程中的戀愛經歷，即使流產傳聞是子虛烏有，那些戀愛也確確實實給她帶來過深刻的傷痛。

城鄉移民的高流動率與持續增高的性風險密切相關（Li et al., 2004）。由於性衛生知識和自我保護意識的缺乏，流動人口被認為是感染艾滋病和性傳染病的高危人群（徐緩，2001）。2002–2003年在

北京和南京所進行的流動人口調查顯示，31%的受訪者擁有多個性伙伴 (Li et al., 2004)，這一數據遠遠高於留守農村居民擁有多個性伙伴的比例 (7.8%) (Liu et al., 1998)。而且，儘管74%的受訪者表示他們或者他們的性伴侶知道如何使用避孕套，但相對較少的經常 (10%)或者一直 (8%) 使用 (Li et al., 2004)。作為其中重要組成部分的未婚農民工，其婚前性行為及其所存在的風險也已經成為不能否認和忽視的問題。根據1998–1999年在北京、上海、廣州、貴陽和太原所進行的定性研究，性行為最為活躍的未婚女性農民工在進行性行為時，從來沒有使用過避孕措施，缺乏保護的她們懷孕現象極為普遍 (Zheng et al., 2001)。可見，意外懷孕和性傳染病正嚴重威脅著未婚農民工的身心健康。在城鄉遷移中，逐漸開放的性觀念以及不斷增多的婚前性行為，在給未婚農民工帶來性愉悅和性滿足的同時，也潛伏著巨大的風險。因此，性知識的普及和自我保護意識的提高，對他們享受健康的性生活具有重要意義。

5.3 農民工愛情經歷對於婚戀模式的影響

通過社會學習和社會影響，原有觀念可能會在主導觀念的影響下發生潛移默化的轉變 (Friedkin & Johnsen, 1997)，而觀念的轉變無疑會帶來行動上的體現。新生代農民工在遷移過程中親身體驗並實踐著婚戀觀念的改變，而這些實踐對農村傳統婚戀模式產生日益重要的影響。

5.3.1 愛情與婚姻的距離

當我們在討論愛情時，一個不可迴避的問題是這份愛情是否能夠走向婚姻。通常情況下，能夠走向婚姻的愛情是更受歡迎的。然而，在決定愛情能否走向婚姻的問題上，男女雙方所擁有的權力存

在著性別差異。實證研究曾指出，社會性別對於婚戀觀念和行為都產生至關重要的影響（曹銳，2010）。男性在戀愛過程中往往擁有策略性優勢，這表現為他們能夠在任何時刻（也許會保留到最後），通過控制自己接近女性的步伐，而收回他們的愛意；相比之下，其後的繼續接近，則會成為婚配成功的有利支持（Goffman, 1977）。儘管女性作為行動主體也在戀愛過程中進行互動，但她們更多地處於被動狀態，一如她們在求愛之初所表現出的態度。對於雙方關係發展具有關鍵意義的行動，往往是由男性採取的，如積極追求或主動放棄。男性是否收回他們的愛慕之情，以及選擇哪個時刻收回，會影響女性是否受到傷害，以及受到何等程度的傷害。如果愛情終究不能走向正果，那麼，男性越早退出，對於女性的傷害就越小；反之，傷害則越大。沈俏在此方面的體驗極為深刻：

> 現在他也走了，我們倆也分手了，覺得全部都是留下一些傷心的事嘛。現在如果讓我重新選擇，我不會選擇在外面找男朋友，我不會在外面拍拖。男人的話不能相信的，說變就會變的，寧願相信，寧願相信世界上有鬼，也不相信男人那張破嘴。
>
> （沈俏，女，未婚，1983年出生）

在經歷了一年的戀愛之後，沈俏的男朋友毫無留戀地選擇離開，而他們的關係也隨之終結。分手的痛苦給沈俏帶來了極大的傷害，以至於她不再對遷移中的愛情抱有任何幻想。她表示：「在這邊找的男朋友都不可靠，都是外地的不是本地的，覺得都不可靠，想回家找一個，離我媽近一點啊，在家找一個老實的，覺得可以的話。」

當然，並非所有男性都在城市的愛情實踐中處於有利地位，也並非所有女性都會選擇被動地順從。通過參與城市經濟生活，未婚女性農民工獲得了獨立的經濟能力，幫助她們擺脫在經濟上對他人的依賴。逐漸接觸現代都市，她們再也不是沒有見過世面的農村女性，而越來越適應外出打工的工作與生活。在遷移過程中，她們有

機會接觸到更多的異性並體驗到戀愛的自由，不再局限於農村婚姻市場並忍受傳統婚配模式的束縛。因此，她們也擁有了追求理想愛情與婚姻的能力和勇氣，從而使男性在求愛行為和戀愛過程中的主動優勢受到挑戰。來自陝西的吳明在2009年2月7日與同鄉訂婚，儘管家庭貧困，但父母還是借了兩萬元來為他舉行訂婚儀式。同年2月14日，吳明的未婚妻來到流沙地區打工。到了3月30日，未婚妻便選擇搬出吳明所在的房子，並且等待退婚。吳明的未婚妻之所以作出這種選擇，一方面，由於她在之前的打工經歷中，已經與其他男性工友產生感情，但迫於家庭壓力而選擇與吳明訂婚；另一方面，在相處不足兩個月的時間裏，吳明對於未婚妻的管束變本加厲，甚至不允許她穿裙子或化妝，這與對方的厭煩和反抗形成了鮮明的衝突。內心另有所屬並與吳明各種不合的未婚妻果斷地選擇了分手，這使吳明陷入了巨大的痛苦，並感慨「她欺騙了我」。

5.3.2 挑戰傳統婚戀模式

推遲結婚年齡：在農村社會，在婚姻市場中佔有優勢的未婚青年帶動了早婚現象。儘管現行婚姻法規定男性和女性的結婚年齡分別是22和20周歲，但在農村的婚姻實踐中，不足法定結婚年齡便締結婚姻的現象比比皆是。江琳曾介紹：

> 現在我們河南結婚的也有好早的，十八九歲就結婚的，十九歲就有小孩子了。不過，反正也看你自己吧，你想結婚早一點就早一點，晚一點就晚一點。不過我們河南那裏，最晚的也不過就到二十一，二十二。
>
> （江琳，女，未婚，1989年出生）

根據鄭真真（2002）在安徽省和四川省所進行的研究，婚前外出打工經歷顯著推遲了農村女性的初婚年齡，而跨省流動和流入地為城市也對推遲初婚年齡有明顯作用。田野調查亦發現，沈俏在經歷

了頗為坎坷的愛情路後，已經遠遠超過家鄉河南普遍的初婚年齡，從而使自己在農村婚姻市場上失去競爭優勢。她坦言：「現在我這麼大了，想找一個對我好一點、家裏可靠老實的男孩子，結婚糊里糊塗地過日子就算了，就這樣想的。」對於男性來說，外出打工造成初婚年齡的推遲，也屬意料之中。同樣處於單身狀態的男工邵天，出生於1982年。已有10年打工經歷的他表示：「這個找老婆是目前的重中之重了。」

當然，挑戰必將付出代價。年齡的增大會導致未婚農民工在農村婚姻市場上受歡迎程度的下降，使他們遭遇難以找到理想結婚對象的尷尬。特別是農村女性，超過適婚年齡卻還處於未婚狀態的她們，往往會因為缺少議價能力而退求其次。年滿24歲的沈俏表示：「一般剩下的大的都是不好的，家庭條件不好，要不就是人長得不好看啊，你看年紀大了不好找，都是這樣子的，農村都是這樣子的。」

同居與未婚先孕：遷移過程中的婚戀實踐，如同居和未婚先孕，增加了婚戀實踐的多樣性。同居關係即使不會面臨分手，也未必能夠走向婚姻；即使走向婚姻，也未必能夠得到禮俗與法律的認可。阿雲是沙岩廠五金部的一名普通女工，到2007年已經24歲了。初次接觸時，我曾因她經常將「老公」掛在嘴邊而誤以為她已經結婚。事實上，阿雲與她所謂的「老公」是以同居而非結婚的方式生活在一起的。即便如此，阿雲已經在考慮生育孩子的事宜。她曾在閒談中表示出對兒子的渴望，並且計劃在2008年底懷孕，以便能夠在2009年生一個屬「牛」的孩子。在與「老公」的相處中，她盡到一切妻子的責任，甚至願意生育子女。但是，卻始終沒有得到由雙方家庭、農村社區或者國家法律所認可的妻子身份。阿雲曾說，她之所以常年不回家，就是因為害怕面對家人。爸爸曾經為了她與男朋友同居而狠狠地揍她，即便如此，她也沒有因此而離開這段感情和關係。

夏萍的情況與阿雲有所不同。在夏萍未婚先孕之後，她與丈夫的關係得到了雙方家庭的認可。但是，他們並沒有通過舉辦婚禮或

登記註冊而使婚姻關係得到農村社區或國家法律的認可。因此，夏萍也很少回到自己的娘家。據沈俏說，她娘家的同村並不知道她已經結婚生子的事實：

> 一個村子的不知道，她媽她爸知道嘛。一個村的人不知道，人以為是小女孩在外打工嘛，因為她沒有結婚嘛。她親裏面，她媽她爸肯定知道嘛，親裏面知道嘛，一個村的不知道。我說你什麼時候，她說再過三年再回家結婚，說再過三年再回家買東西，再辦酒席，說不定三年都不辦了。女孩子一輩子結婚就一次，也沒結上，這不太虧了嘛。
>
> （沈俏，女，未婚，1983年出生）

在阿雲與夏萍的例子裏，雖然她們都在現實中與「丈夫」過著婚姻生活，但她們的婚姻並未得到充分的認可，所以她們都不得不避免回到農村家鄉。儘管她們並沒有表達過相關的憂慮與苦痛，但其中的甘苦只能自己體驗。

地區間的戀情與婚姻：新生代農民工在城市之中接觸到來自四面八方的異性，他們之間所展開的戀情乃至婚姻，動搖了傳統婚戀模式的熟人基礎。在農村地區，無論是媒人介紹的對象，還是自由戀愛的選擇，都局限於一定的地域範圍之內，並能夠通過熟人關係網絡瞭解對方的人品與家庭。前文曾提到，來自河南的江琳因為父母的干預與自由戀愛的本地男友分手。江琳的父母之所以得知這段戀情，是因為男孩的父親拜託媒人，也就是江琳的堂姑向她母親傳遞戀情訊息，以探求女方家長的態度。當江琳的父母通過堂姑瞭解到男孩和他的家庭在農村社區的聲譽不好，其叔叔還因為打架鬥毆而進過監獄，便毅然決然地要求江琳結束這段戀情。可見，熟人關係網絡在農村婚姻實踐中扮演著重要的角色，提供了信任基礎和溝通信息的渠道。然而，城市之中的婚戀實踐卻缺乏熟人關係網絡的支持，從而導致信息溝通困難和信任關係難以建立。

絲印組出雙入對的情侶宋志和阿桂,在從戀愛過渡到婚姻的考量中,同樣存在著這樣的信任問題。2007年田野調查期間,宋志就萌生了辭工返鄉的打算,但他之所以遲遲未辭工,就是在等待阿桂的決定。宋志希望阿桂和他一同辭工,返回他的家鄉桂林農村開始新生活。儘管兩人都是廣西人,但家鄉之間還是存在很遠的距離。阿桂為此猶豫不決,家庭也不置可否。除了距離上的考慮,另一方面便是對宋志家庭條件的不確定。宋志曾提到:

> 她說她們村有個人嫁到我們桂林嘛,她說嫁去那裏好窮嘛,她說。我估計這個都不是主要原因。她說嫁到那個人那裏全部是山啊,又不通公路啊那些東東啊,她說全部是山啊,又窮啊她說,呵呵。

(宋志,男,未婚,1981年出生)

雖然宋志並不知道這是否是阿桂試探式的玩笑,也不確定這是不是阿桂遲遲不給他答覆的主要原因,但從中可以看到,省內跨地區的戀愛能否走向婚姻存在很多不確定性。儘管如此,2007年11月,阿桂還是和宋志一同辭工返回他的家鄉。他們跨地區的戀情離婚姻又近了一步。

相比之下,跨省婚姻遇到更多的挑戰,與空間上更遠的距離存在一定的聯繫。前文提到苗華的外甥女與跨省男朋友的戀愛,就遭到了家庭強烈的反對。姜磊在追求不同省的阿洋時,就遭到了對方的拒絕,原因就在於阿洋更傾向於返回家鄉相親結婚。但現實中仍然存在跨地區和跨省婚姻的實踐。男工王成,女工夏萍、阿雲、馮春是省內跨地區婚姻,而男工張林、馬俊則是跨省婚姻。他們的婚戀實踐都是在遷移過程中進行的。

遷移過程中的婚戀實踐發生在代表著現代文明的城市之中,難免被貼上「現代」的標籤。這其中既包含具有現實基礎的判斷,又不免摻雜些許一廂情願的想像。在以上所討論的具有現代特徵的婚戀

觀念與實踐之中，最典型的當屬對於浪漫愛情的追求與體驗，以及建立在自由戀愛基礎之上的婚姻選擇。正是隨著新生代農民工的相關實踐，農民工的婚戀議題以及帶有現代化特徵的觀念與實踐，才逐漸走入研究的視野。與傳統婚戀模式相對比，不難發現遷移過程中的婚戀實踐出現了諸多轉變與新現象。但我們不會認為，不計後果的性體驗等同於自主與開放，始亂終棄的戀情或婚姻意味著理性與進步。所以儘管其中或多或少地具有現代性的要素，但能否稱得上是真正意義上的「現代」，還值得商榷。

另一方面，傳統與現代對立的觀點，也同樣值得探討。現代性的迷思，假定現代化意味著與傳統徹底的決裂，於是需要製造出一個與理性和進步相對立的「傳統」（羅麗莎，2006: 11）。然而，從社會發展的歷史脈絡出發，很難想像會真正存在任何徹底的決裂。就傳統與現代而言，在當前中國過渡與轉型成為主題的環境下，將其簡單地對應於落後與進步，是有失妥當的。新生代農民工在選擇戀愛與婚姻的道路上，並不需要追隨所謂「現代」的步伐。事實上，他們所引領的當代中國農民工的發展方向，正在開拓和踐行一條「另類現代性」（羅麗莎，2006）的道路。

註　釋

1　本章是中央高校基本科研業務費專項資金資助項目「傳統與現代之間：新生代農民工婚戀問題研究」的研究成果（項目編號：NKZXB1485）。

2　參見：http://www.law-lib.com/law/law_view.asp?id=43205。

3　參見：http://www.gov.cn/banshi/2005-05/25/content_847.htm。

4　參見：http://www.gov.cn/banshi/2005-08/21/content_25037.htm。

5　《中華人民共和國婚姻法》（1950年）第五條，男女有下列情形之一者，禁止結婚：一、為直系血親，或為同胞的兄弟姐妹和同父異母或同母異父的兄弟姐妹者；其他五代內的旁系血親間禁止結婚的問題，從習慣。參見：http://zh.wikisource.org/zh-hant/中華人民共和國婚姻法（1950年）。

6 該數據是基於事實婚姻而非合法婚姻進行收集的 (Zhang, 2000)。「事實婚姻」指沒有配偶的男女，未進行結婚登記便以夫妻關係同居生活，群眾也認為是夫妻關係的兩性結合。事實婚姻在我國長期大量存在，在廣大農村特別是邊遠地區，事實婚姻甚至佔當地婚姻總數的 60–70%。造成這一狀況的原因主要有 (1) 傳統習俗的影響：我國民間流行儀式婚，許多人認為，只要舉行了婚禮、親朋好友認可，就是夫妻了，沒有必要再履行法律手續；(2) 婚姻登記不方便：根據《婚姻登記管理條例》的規定，婚姻登記管理機關在城市是街道辦事處或者市轄區、不設區的市人民政府的民政部門，在農村是鄉、民族鄉、鎮人民政府，而我國幅員遼闊，對於地理位置偏遠、交通不便的地區，進行結婚登記有一定困難；(3) 登記制度不健全：比如有的當事人到了婚姻登記機關，因辦事人員不在等原因不能登記，有的擅自提高法定婚齡，使當事人的合法權利不能得到實現；(4) 婚姻登記搭車收費：比如有的要收計劃生育押金、戶口遷移保證金等；(5) 法制宣傳不夠：人們的法制觀念淡薄，對婚姻登記的重要性缺乏認識，有的人不具備法律規定的結婚條件，為逃避國家對婚姻的管理和監督，故意不登記，造成事實婚姻狀態。摘自：《中華人民共和國婚姻法釋義》，參見：http://www.gov.cn/banshi/2005-06/13/content_6147.htm。

7 資料來源於：Weiguo Zhang (2000), "Dynamics of Marriage Change in Chinese Rural Society in Transition: A Study of a Northern Chinese Village," *Population Studies*, 54(1): 59，圖 3。

8 「抱榮」屬錯別字，應為「包容」。

9 數據來源：國家統計局住戶調查辦公室，〈新生代農民工的數量、結構和特點〉，2013 年 3 月 11 日發佈，http://www.stats.gov.cn/ztjc/ztfx/fxbg/201103/t20110310_16148.html。

10 「拖糖」是在田野中瞭解到的農民工的語言。類似於結婚時的喜糖，它指為了慶祝男女朋友拍拖 (即談戀愛) 而請朋友吃的糖果。在青年農民工群體裏，請吃「拖糖」的習俗十分流行。

第六章
重新發現日常
多元、變化與建構

「人不是工具，而是目的。」

──郭于華（2011: 7）

　　儘管中國追求現代化的歷史進程並不是起源於改革開放，卻在這一時期煥發出蓬勃的生機。新時期的社會主義現代化建設，無疑為探索中的中國指明了方向。伴隨著工業化和經濟發展，城市重獲現代文明的優越地位，並將農村置於其對立面，貼上了「落後」與「傳統」的標籤（嚴海蓉，2005）。城鄉遷移似乎為農村男女打開了一扇通向城市現代文明的大門，但事實上，他們並不能像所期待的那樣盡情地擁抱城市所代表的現代文化與生活。農民工被排斥在城市精英所享受的消費盛宴之外，而消費所帶來的分層與區隔，又在文化與空間上得以清晰地呈現（潘毅、盧暉臨、張慧鵬，2011: 10）。各種排斥與區隔共同編織的藩籬，有形或無形、直接或間接地滋生出農民工的日常，使得城市普羅大眾所踐行的現代生活變得觸不可及，也促使他們在追求、想像和構建所在群體獨特的現代化進程中越走越遠。儘管每個獨特的群體都有自己的現代化路徑，但渴望通過城鄉遷移實現從傳統到現代的轉變，必將經歷一段充滿探險、渴望、掙扎和妥協的漫長過程。

　　在現代化進程的歷史洪流中，農民工究竟何去何從？又將如何自處？他們被怎樣的看見？又被怎樣的書寫？這本書沒有歷史敍事

的宏大抱負，也不曾企圖進行全景式的呈現。它在講述由生活之中的瑣碎而串聯起來的農民工的故事。這些故事無不來源於對農民工日常生活的審視，這些故事的線索無不透視著農民工自身在日常生活之中的關切。重新審視日常，關切他們的關切，能夠幫助我們接近和理清社會事實，並通過「於尋常中見不尋常」以及「於不尋常中見尋常」的努力，揭示社會實踐的內在邏輯與動力機制。

性別視角對於底層和弱勢的關懷，往往驅使我們將目光投向農民工中的女性群體，因為在習以為常的觀念中，她們往往代表了底層中的底層或弱勢中的弱勢。這種習以為常容易導致尋常之中的「盲視」，在很大程度上是受限於對統治與被統治、支配與從屬之間二元對立的強調。對應於性別關係，便是男性與女性的二元對立。康奈爾對於男性等級關係的洞察（Connell, 2005）提醒我們，簡單的二分法並不能充分把握性別關係的複雜。在此意義上，本書對於男性農民工性別氣質轉變與重塑的考察，便是試圖填補尋常中「缺失」的一種努力。而對於已婚女性農民工平衡家庭與遷移、以及新生代農民工婚戀實踐的探討，則可理解為試圖彌補尋常中「不足」的努力。

布儒瓦曾在他的民族誌研究中提到「於不尋常中見尋常」，試圖從毒販和吸毒者對貧困與種族隔離的極端反應中，探究出邊緣群體如何對急速的社會變革作出回應（Bourgois, 2003）。郭于華（2011: 4）也提醒我們，揭示社會困難的深層根源與動力機制，是社會科學研究重要的任務。本書試圖通過透視農民工不同群體所體驗到的緊張與壓迫，揭露出性別結構如何利用城鄉遷移與其他社會結構相互勾結；也嘗試通過探究他們在個體層面性別化的渴望、行動與掙扎，考察農民工底層如何挑戰包括性別結構在內的多重結構化矛盾。在此意義上，圍繞著貫穿於日常生活之中性別結構與性別身份無休止的互動所展開的動力分析，是一種抽絲剝繭地檢視「不尋常」的努力。

6.1 農民工群體的多元呈現

農民工群體並不是無差別的整體。儘管他們都無可避免地遭受著「位置性苦痛」(positional suffering)(Bourdieu, 1999)，但每一個具體位置的背後都充斥著超越單一與孤立的複雜。這種複雜，體現為社會性別、家庭責任、代際差異、城鄉分化與階級關係於城鄉遷移過程之中的遭遇。從而，共同構建出不同農民工群體的境況及其苦痛，也製造著他們之間的分化。農民工的日常正是忍受和消化這些苦痛的過程，同時也是滲透於身體與渴望的微觀權力(Foucault, 1995)不斷滋長的過程。但無論是消化還是滋長，他們透過個體實踐對具體境況作出的回應都是多樣的，因為他們所要面對的處境、他們各自懷揣的期待以及他們能夠調動的資源，都不盡相同。於是，我們看到了農民工群體的多元呈現。

在田野中所觀察到的男性農民工，並不是在以往研究中作為參照對象而懸置起來的、享受著剝削女性所帶來的「父權制紅利」的男性群體。只有將他們置於自身所處的社會、經濟、文化等環境中，才能進行充分的理解和分析。為了滿足傳統文化中的性別期待，農村男性來到城市，尋找實現經濟成就與自我價值的機會。被納入工廠等級體系之後，成為男性農民工的他們又被置於性別結構、城鄉二元結構和階級結構的交互作用之下，發展出從屬型與邊緣化的男性氣質。身處於底層位置的他們，試圖通過不同方式謀求向上流動的機會，拉近現實與理想之間的距離，並且在這一過程中重新構建自我的男性氣質。然而，城市勞動力市場和工作場所的職業隔離，將男性農民工排斥在管理與支配位置之外，他們在社會經濟領域中實現個人價值的努力屢屢受挫。儘管有些男性能夠在職場之外獲得或多或少的自我滿足，但他們仍然難以完全認同或者滿足於自我在城市之中作為打工者的男性身份，因而會以回歸家鄉、重新尋找發展方向來進行回應。

　　站在社會性別的立場上對男性進行理解，並不意味著對女性在性別關係中處於受壓迫位置的否認。而對女性受壓迫處境的認識和理解，也不意味著對她們通過實踐發揮主動性的否認。女性農民工在遷移過程中所處的劣勢，是得到充分論證的現實。在中國農村社會，傳統性別觀念依然束縛著女性的成長與發展，剝奪了她們獲得與男性平等的生活機會和選擇空間。在家庭之中，已婚女性承擔著妻子、母親和兒媳的責任，並在家庭與遷移的不平衡中尋找妥協的策略。儘管大多數已婚女性的遷移實踐仍然遵循著傳統性別秩序給他們帶來的束縛，但我們已經看到，越來越多的女性以外出打工作為反抗的方式，不斷地對傳統性別秩序提出挑戰。隨著城鄉遷移的推進，女性在家庭中的地位發生了改變，並表現為家庭勞務的重新分工、家庭資源控制能力的增強、在家庭決策中發出更多的聲音，以及情感選擇空間的拓展。面對這些改變，男性採取不同方式進行回應，以維護自我的支配地位。因而，女性農民工的家庭處境充滿了變與不變的協商。作為工廠等級結構的最底層，既不具備平等競爭的外部機制，又缺乏向上流動的內在動力。特別是當她們需要處理由家庭責任所要求的「連續在場」與城鄉遷移所導致的「不連續缺位」之間的矛盾時，回歸農村和家庭便成為一種常見的選擇。

　　新生代農民工與第一代農民工之間的差異，被形象地表述為「現在拉著拉杆箱的農民跟當初扛著蛇皮袋進城的農民不一樣了」。[1]不可否認，隨著改革開放和城鄉遷移的推進，農村社會的經濟、政治和文化環境都發生了極大的改變。費孝通（1998: 7）曾指出「以農為生的人，世代定居是常態，遷移是變態」。然而，在遷移時代之下，城鄉遷移早已成為農村青年的生活常態，因此他們也已經不再是傳統意義上的農民。在遷移過程中，新生代農民工獲得了經濟上的獨立，擺脫了農村家庭與社區的控制，越來越多地受到同輩群體和文化環境的影響。接近現代都市文明的他們，想像和擁抱著滋潤浪漫愛情的土壤。不可否認，男性和女性賦予愛情的意義並不相同，他

們在愛情實踐中所持有的態度和行動也有所差異。然而,無論對男性還是女性,遷移過程中的愛情實踐並不僅僅充滿甜蜜。不穩定的戀愛關係以及不安全的性體驗,給他們帶來了不可預知的痛苦與傷害。這些實踐所帶來的後果往往具有兩面性:一方面,遷移過程中的愛情經歷在不同程度上改變著農村地區的傳統婚戀模式,並表現為推遲結婚年齡、體驗同居與未婚先孕,以及跨地區婚戀的出現;另一方面,城鄉遷移的愛情實踐也與婚姻存在一定距離,那些有過負面體驗的單身更容易變得退縮,傾向於回歸熟人社會的婚戀模式。

6.2 男性氣質與性別關係的再思考

在當代中國城鄉遷移的過程中,性別結構對於遷移圖景的塑造是不容忽視的。但這並不能簡單地理解為男性作為性別結構中的支配者,在遷移過程簡單複製了他們對女性的壓迫與剝削。事實上,社會性別被資本有目的地利用,通過與城鄉二元結構和階級結構的勾結,成為對男性農民工和女性農民工分別進行剝削與壓迫的工具。與此同時,儘管性別視角對於農民工女性群體的理解,深刻地揭示出她們所遭遇的結構性不平等,以及對此所作出的底層抗爭,但以女性為焦點的研究取向,難免導致性別研究自陷囹圄的窘困。有女性主義研究者曾強調,女性主義研究是關於女性、由女性而做以及為女性而做的研究(on, by, and especially for women)(Stacey, 1988)。然而,社會性別作為一種社會關係,並非只存在於單一主體之中(Connell, 2002: 9);缺乏對男性的關注,社會性別將等同於女性(Louie, 2002: 3)。誠然,性別關係包括了男性與女性之間的二元對立,但卻不僅僅局限於此。男性之間的權力等級關係亦包括在內,而不能被簡化為男性與女性之間的差異(Connell, 2002: 9)。

對於男性農民工群體的研究,豐富了我們對於男性氣質的理

解。其一，男性氣質的內在邏輯超越文化界限。在與西方文化有千差萬別的中國，男性群體之間同樣存在著複雜的權力關係。性別結構與其他社會結構的互動，也同樣會發展出處於不同等級位置的男性氣質。可見，性別秩序在全球視野下的父權文化中，很大程度上保持了共通性，並且存在遵循相同邏輯的動力機制。性別文化跨越時間和空間，所以我們需要在歷史維度中梳理脈絡，把握變化與發展，也需要在國際視野中探索多樣，透視獨特與本源。其二，男性氣質在動態的建構中不斷變化。伴隨著個體生命軌跡在時空間的延展，性別結構得以遭遇不同生活情境中特有的關係與結構，變化中的交叉與互動帶來了個體身份與男性氣質的轉變。與此同時，個體也需要在日常實踐中調整與轉變後的男性氣質的關係。這種調整是一個持續的過程，包含了不同的可能性：或適應，或妥協，或決裂。無論結果如何，個體的回應都可以視為他們重新塑造自我男性氣質的努力。可以說，男性氣質始終處於動態的過程。它作為一種社會建構的產物，需要在不斷的社會行動之中尋求協商。

隨著轉型時期社會結構的日趨複雜，性別關係的繁複性將日趨鮮明。多元與變化是這一時期性別關係的主題，在動態的日常實踐中不斷地建構與重構。對於性別關係和性別結構的理解，必須突破兩性對立以及「男尊女卑」的二元思維。男性群體之間的等級關係，拓展了二元對立的性別關係；並提醒我們，女性群體之間也必然存在著等級分化的權力關係。齊美爾曾指出，社會性別是在性別關係的歷史情境中社會建構的，男性氣質的界定對應著變化中的女性氣質的界定（Kimmel, 1987）。多重男性氣質和多重女性氣質的交叉，必將勾勒出更為複雜的性別關係。此外，性別結構的情境化特質確保它會在變化的社會情境中與新遭遇的社會結構實現充分的交互，製造出錯綜複雜的關係框架。於是，因生活軌跡的改變而捲入其中的個體自覺或不自覺地重新認識歸集於自身的種種結構，在協商中不斷地尋求新的定位與認同。變化又交織的結構性框架，以及充滿

不同可能性的動態協商，增加了對複雜性別關係進行把握的難度。而這些關係之間的權力歸屬及其動力機制，又有待進一步探究。因此，在多元性別關係的探討中，不能忽視交叉性分析所強調的結構間互動，不能忽視結構與主體之間的微觀互動，也不能忽視對於動態變化的情境化把握。

註 釋

1　參見：http://www.chinanews.com/gn/news/2010/02-01/2103323.shtml。

附　錄

受訪者基本信息列表

代稱	性別	出生年份	家鄉	教育水平	婚姻狀況	子女狀況	第一次外出時間	進廠時間
董江	男	1991	廣西	初中肄業	未婚	—	2007	2007
何旺	男	1983	湖北	初中畢業	未婚	—	2006	2006
姜磊	男	1987	廣西	初中肄業	未婚	—	2005	2007
林勇	男	1989	江西	高中肄業	未婚	—	2007	2009
潘峰	男	1990	廣西	技校肄業	未婚	—	2008	2008
邵天	男	1982	湖南	高中畢業	未婚	—	1999	2006
石兵	男	1984	湖北	高中畢業	未婚	—	2003	2003
宋志	男	1981	廣西	初中畢業	未婚	—	2003	2004
吳明	男	1987	陝西	初中肄業	未婚	—	2007	2007
周德	男	1990	四川	初中肄業	未婚	—	2006	2007
杜毅	男	1976	陝西	中專畢業	已婚	1女	1994	2007
韓福	男	1969	湖北	初中肄業	已婚	1兒	2005	2005
胡慶	男	1974	江西	高中畢業	已婚	2兒	1994	2002
馬俊	男	1980	安徽	初中肄業	已婚	1兒	1996	2002
王成	男	1976	湖北	小學肄業	已婚	1兒	1993	2008
徐軍	男	1982	四川	技校畢業	已婚	1女	2000	2001
張林	男	1981	陝西	小學畢業	已婚	1兒1女	1997	1998
趙鵬	男	1974	湖南	高中肄業	已婚	1兒	1994	1999
蔡興	男	1969	湖南	初中肄業	再婚	1兒1女	1992	2002
于貴	男	1978	廣東	—	再婚	1女	1995	1998

代稱	性別	出生年份	家鄉	教育水平	婚姻狀況	子女狀況	第一次外出時間	進廠時間
郭芬	女	1987	湖北	初中畢業	未婚	－	2006	2008
賈鈺	女	1990	廣東	初中畢業	未婚	－	2007	2008
江琳	女	1989	河南	初中肄業	未婚	－	2004	2009
李穎	女	1986	廣西	技校畢業	未婚	－	2002	2003
劉倩	女	1990	湖北	高中畢業	未婚	－	2008	2008
沈俏	女	1983	河南	－	未婚	－	2005	2005
許佳	女	1986	廣西	初中肄業	未婚	－	2004	2009
楊娟	女	1988	湖北	－	未婚	－	－	2004
朱婷	女	1991	廣東	初中畢業	未婚	－	2007	2009
方梅	女	1974	廣東	初中畢業	已婚	1兒1女	－	2008
馮春	女	1981	湖北	初中肄業	已婚	1女	1999	2005
毛娜	女	1983	湖北	小學畢業	已婚	1女	2002	2007
苗華	女	1976	河南	小學畢業	已婚	1女	1993	2005
蘇珍	女	1977	河南	小學肄業	已婚	1兒	2003	2007
衛芳	女	1982	河南	初中肄業	已婚	1兒	1998	2006
夏萍	女	1985	河南	初中肄業	已婚	1兒	2001	2007
姚玲	女	1977	河南	初中肄業	已婚	1兒1女	1996	2006
袁香	女	1980	廣東	中專畢業	已婚	1女	2000	2009
鄒慧	女	1979	四川	初中畢業	已婚	1兒	1996	2006
陳燕	女	1972	廣西	初中肄業	已婚	2兒	1988	2005

參考文獻

Anker, Richard. 2001. "Theories of Occupational Segregation by Sex: An Overview." Pp. 129–157, in *Women, Gender and Work: What is Equality and How Do We Get There*, edited by Martha Fetherolf Loutifi. Geneva: International Labor Office.

Ashforth, Blake E., and Fred Mael. 1989. "Social Identity Theory and the Organization." *The Academy of Management Review*, 14(1): 20–39.

Baker, Hugh D. R. 1979. *Chinese Family and Kinship*. London and Basingstoke: Macmillan.

Berreman, Gerald D. 2004. "Ethnography: Method and Product." Pp. 157–190, in *Methodology and Fieldwork*, edited by Vinay Kumar Srivastava. Oxford: Oxford University Press.

Bossen, Laurel. 1994. "Chinese Rural Women: What Keeps Them Down on the Farm?" Pp. 128–154, in *Xingbie yu Zhongguo*, edited by Li Xiaojiang, Zhu Hong, and Dong Xiuyu. Beijing: SDX Joint Publishing.

Bourdieu, Pierre. 1999. *The Wright of the World: Social Suffering in Contemporary Society*. Cambridge: Polity Press.

Bourgois, Philippe. 2003. *In Search of Respect: Selling Crack in El Barrio (2nd Edition)*. Cambridge; New York: Cambridge University Press.

Brown, B. Bradford. 2004. "Adolescents' Relationships with Peers." Pp. 363–394, in *Handbook of Adolescent Psychology*, edited by Richard M. Lerner and

Laurence Steinberg. Hoboken, New York: John Wiley and Sons.

Brownell, Susan, and Jeffrey N. Wasserstrom. 2002. *Chinese Femininities, Chinese Masculinities: A Reader*. Berkeley: University of California Press.

Burawoy, Michael. 1991. "Introduction." Pp. 1–7, in *Ethnography Unbound: Power and Resistance in the Modern Metropolis*, by Michael Burawoy, Alice Burton, Ann Arnett Ferguson, Kathryn J. Fox, Joshua Gamson, Nadine Gartrell, Leslie Hurst, Charles Kurzman, Leslie Salzinger, Josepha Schiffman, and Shiori Ui. Berkeley, Los Angeles, London: University of California Press.

Burgess, Robert G. 1991. "Sponsors, Gatekeepers, Members, and Friends." Pp. 43–52, in *Experiencing Fieldwork: An Inside View of Qualitative Research*, edited by William B. Shaffir and Robert A. Stebbins. Newbury Park, London, New Delhi: Sage Publications.

Buunk, Abraham P., Justin H. Park, and Lesley A. Duncan. 2010. "Cultural Variation in Parental Influence on Mate Choice." *Cross-Cultural Research*, 44(1): 23–40.

Cavanagh, Shannon E. 2007. "The Social Construction of Romantic Relationships in Adolescence: Examining the Role of Peer Networks, Gender, and Race." *Sociological Inquiry*, 77(4): 572–600.

Chan, Anita, and Kaxton Siu. 2012. "Chinese Migrant Workers: Factors Constraining the Emergence of Class Consciousness." Pp. 79–101, in *China's Peasants and Workers: Changing Class Identities*, edited by Beatrize Carrillo and David S. G. Goodman. Cheltenham and Northampton: Edward Elgar Publishing.

Chodorow, Nancy Julia. 1997. "Gender, Relation, and Difference in Psychoanalytic Perspective." Pp. 8–20, in *Feminist Social Thought: A Reader*, edited by Diana Tietjens Meyers. New York: Routledge.

Choi, Susanne Y. P., and Yinni Peng. 2015. "Humanized Management? Capital and Labour at a Time of Labour Shortage in South China." *Human Relations*, 68(2): 287–304.

Cohen, Deborah. 2006. "From Peasant to Worker: Migration, Masculinity, and the Making of Mexican Workers in the US." *International Labor and Working-Class Histroy*, 69: 81–103.

Connell, R. W. 1987. *Gender and Power: Society, the Person and Sexual Politics*. Oxford: Polity Press.

————. 1992. "A Very Straight Gay: Masculinity, Homosexual Experience, and the Dynamics of Gender." *American Sociological Review*, 57(6): 735–751.

————. 1998. "Masculinities and Globalizaiton." *Men and Masculinities*, 1(1): 3–23.

————. 2000. *The Men and the Boys*. Berkeley: University of California Press.

————. 2002. *Gender*. Cambridge: Polity; Malden: Blackwell Publishers.

————. 2005. *Masculinities (2nd Edition)*. Berkeley and Los Angeles: University of California Press.

Connell, R. W., and James W. Messerschmidt. 2005. "Hegemonic Masculinity: Rethinking the Concept." *Gender and Society*, 19(6): 829–859.

Connolly, Jennifer, Furman Wyndol, and Roman Konarski. 2000. "The Role of Peers in Emergence of Heterosexual Romantic Relationships in Adolescence." *Child Development*, 71(5): 1395–1408.

Davin, Delia. 1996. "Migration and Rural Women in China: A Look at the Gendered Impact of Large-Scale Migration." *Journal of International Development*, 8(5): 655–665.

————. 1999. *Internal Migration in Contemporary China*. Basingstoke, Hampshire: Macmillan; New York: St. Martin's Press.

Davis, Deborah, and Steven Harrell (ed.). 1993. *Chinese Families in the Post-Mao Era*. Berkeley: University of California Press.

Entwisle, Barbara, and Gail E. Henderson (ed.). 2000. *Re-drawing Boundaries: Work, Households, and Gender in China*. Berkeley: University of California Press.

Fan, C. Cindy. 1999. "Migration in a Socialist Transitional Economy: Heterogeneity, Socioeconomic and Spatial Characteristics of Migrants in China and Guangdong Province." *International Migration Review*, 33(4): 954–987.

————. 2003. "Rural-urban Migration and Gender Division of Labor in Transitional China." *International Journal of Urban and Regional Research*, 27(1): 24–47.

————. 2008. *China on the Move: Migration, the State, and the Household*. London and New York: Routledge.

————. 2011. "Settlement Intention and Split Households: Findings from a Survey of Migrants in Beijing's Urban Villages." *The China Review*, 11(2):

11–42.

Fan, C. Cindy, and W. F. Winnie Wang. 2008. "The Household as Security: Strategies of Rural-Urban Migrants in China." Pp. 205–243, in *Migration and Social Protection in China*, edited by Ingrid Nielsen and Russell Smyth. Hackensack, NJ; Singapore: World Scientific.

Fan, C. Cindy, and Youqing Huang. 1998. "Waves of Rural Brides: Female Marriage Migration in China." *Annals of the Association of American Geographers*, 88(2): 227–251.

Ferree, Myra Marx. 1990. "Beyond Separate Spheres: Feminism and Family Research." *Journal of Marriage and the Family*, 52(4): 866–884.

Foucault, Michel. 1995. *Discipline and Punish: The Birth of the Prison*, translated by Alan Sheridan. New York: Vintage Books.

Freud, Sigmund. 1965. *New Introductory Lectures on Psychoanalysis*, translated and edited by James Strachey. New York: Norton.

Friedkin, Noah E., and Eugene C. Johnsen. 1997. "Social Positions in Influence Networks." *Social Networks*, 19(3): 209–222.

Gaetano, Arianne. 2008. "Sexuality in Diasporic Space: Rural-to-urban Migrant Women Negotiating Gender and Marriage in Contemporary China." *Gender, Place & Culture: A Journal of Feminist Geography*, 15(6): 629–645.

Gagnon, John H. 1977. *Human Sexualities*. Glenview, IL: Scott, Foresman.

Gao, Xiaoxian. 1994. "China's Modernization and Changes in the Social Status of Rural Women." Pp. 80–100, in *Engendering China: Women, Culture, and the State*, edited by Christina K. Gilmartin, Gail Hershatter, Lisa Rofel, and Tyrene White. Cambridge, MA: Harvard University Press.

Geertz, Clifford. 2001. "Thick Description: Toward an Interpretive Theory of Culture." Pp. 55–75, in *Contemporary Field Research: Perspectives and Formulations (2nd Edition)*, edited by Robert M. Emerson. Illinois: Waveland Press.

Goffman, Erving. 1963. *Stigma: Notes on the Management of Spoiled Identity*. Englewood Cliffs, NJ: Prentice-Hall.

———. 1976. "Gender Display." *Studies in the Anthropology of Visual Communication*, 3: 69–77.

———. 1977. "The Arrangement between the Sexes." *Theory and Society*, 14(3): 301–331.

Goode, William J. 1959. "The Theoretical Importance of Love." *American Sociological Review*, 24(1): 38–47.

Hacker, Helen Mayer. 1957. "The New Burdens of Masculinity." *Marriage and Family Living*, 19(3): 227–233.

He, Canfei, and Patricia Gober. 2003. "Gendering Interprovincial Migration in China." *International Migration Review*, 37(4): 1220–1251.

Hershatter, Gail. 2004. "State of the Field: Women in China's Long Twentieth Century." *Journal of Asian Studies*, 63(4): 991–1065.

Hibbins, Ray. 2003. "Male Gender Identities among Chinese Male Migrants." Pp. 197–219, in *Asian Masculinities: The Meaning and Practice of Manhood in China and Japan*, edited by Kam Louie and Morris Low. London and New York: Routledge Curzon.

Hirsch, Jennifer S. 2003. *A Courtship after Marriage: Sexuality and Love in Mexican Transnational Families*. University of California Press.

Hochschild, Arlie, and Anne Machung. 2012. *The Second Shift: Working Families and the Revolution at Home*. Penguin Books. (Revised Edition of *The Second Shift: Working Parents and the Revolution at Home*, 1989.)

Hondagneu-Sotelo, Pierrette. 2003. *Gender and U.S. Immigration: Contemporary Trends*. Los Angeles: University of California Press.

Hugo, G. J. 1981. "Village-Community Ties, Village Norms, and Ethnic and Social Networks: A Review of Evidence from the Third World." Pp. 186–225, in *Migration Decision Making: Multidisciplinary Approaches to Microlevel Studies in Developed and Developing Countries*, edited by Gordon F. De Jong and Rober W. Gardner. New York: Pergamon Press.

Jacka, Tamara. 1997. *Women's Work in Rural China: Change and Continuity in an Era of Reform*. New York: Cambridge University Press.

———. 2005. "Finding a Place: Negotiations of Modernization and Globalization among Rural Women in Beijing." *Critical Asian Studies*, 37(1): 53–76.

———. 2006. *Rural Women in Urban China: Gender, Migration, and Social Change*. Armonk, New York, and London, England: M. E. Sharpe.

Jackall, Robert. 1978. *Workers in a Labyrinth: Jobs and Survival in a Bank Bureaucracy*. Montclair, NJ: Allanheld, Osmun.

Kimmel, Michael S. 1987. "Rethinking 'Masculinity': New Directions in Research." Pp. 9–24, in *Changing Men: New Directions in Research on Men and Masculinity*, edited by Michael S. Kimmel. Thousand Oaks, CA: Sage Publications.

Kimmel, Michael S., and Michael A. Messner. 2010. *Men's Lives (8th Edition)*. Boston, MA: Allyn and Bacon; London: Pearson Education.

Knight, John, and Linda Yueh. 2004. "Job Mobility of Residents and Migrants in Urban China." *Journal of Comparative Economics*, 32(4): 637–660.

Kosinski, Leszek A., and Prothero R. Mansell. 1975. "The Study of Migration." Pp. 1–38, in *People on the Move: Studies on Internal Migration*, edited by Leszek A. Kosinski and Prothero R. Mansell. London: Methuen.

Lee, Ching Kwan. 1998. *Gender and the South China Miracle: Two Worlds of Factory Women*. Berkeley, Los Angeles, and London: University of California Press.

———. 2007. *Against the Law: Labor Protests in China's Rustbelt and Sunbelt*. CA: University of California Press.

Lee, Everett S. 1966. "A Theory of Migration." *Demography*, 3(1): 47–57.

Leung, Parry P., and Alvin Y. So. 2012. "The Making and Re-making of the Working Class in South China." Pp. 62–78, in *China's Peasants and Workers: Changing Class Identities*, edited by Beatrize Carrillo and David S. G. Goodman. Cheltenham and Northampton: Edward Elgar Publishing.

Lewis, William Arthur. 1954. "Economic Development with Unlimited Supplies of Labor." *The Manchester School of Economic and Social Studies*, 22: 139–191.

Li, Xiaoming, Bonita Stanton, Xiaoyi Fang, Danhua Lin, Rong Mao, Jing Wang, Lesley Cottrell, and Carole Harris. 2004. "HIV/STD Risk Behaviors and Perceptions among Rural-to-Urban Migrants in China." *AIDS Education and Prevention*, 16(6): 538–556.

Liang, Zai. 2001. "The Age of Migration in China." *Population and Development Review*, 27(3): 499–524.

Liang, Zai, and Zhongdong Ma. 2004. "China's Floating Population: New Evidence from the 2000 Census." *Population and Development Review*, 30(3): 467–488.

Liu Hongjie, Jie Xie, Wenzhou Yu, Weisheng Song, Zhenya Gao, Zhixin Ma, and Roger Detels. 1998. "A Study of Sexual Behavior among Rural Residents of China." *Journal of Acquired Immune Deficiency Syndromes and Human Retrovirology*, 19(1): 80–88.

Lopata, Helena Z., and Barrie Thorne. 1978. "On the Term 'Sex Roles'." *Signs*, 3(3): 718–721.

Louie, Kam. 2002. *Theorising Chinese Masculinity: Society and Gender in China*. Cambridge: Cambridge University Press.

———. 2003. "Chinese, Japanese and Global Masculine Identities." Pp. 1–15, in *Asian Masculinities: The Meaning and Practice of Manhood in China and Japan*, edited by Kam Louie and Morris Low. London and New York: Routledge Curzon.

Loyalka, Michelle Dammon. 2012. *Eating Bitterness: Stories from the Front Lines of China's Great Urban Migration*, Berkeley, Los Angeles, and London: University of California Press.

Mahler, Sarah J., and Patricia R. Pesssar. 2006. "Gender Matters: Ethnographers Bring Gender from the Periphery toward the Core of Migration Studies." *International Migration Review*, 40(1): 27–63.

Mallee, H. 1995. "In Defence of Migration: Recent Chinese Studies of Rural Population Mobility." *China Information*, 10(4): 108–140.

Manning, Wendy D., Jessica A. Cohen, and Pamela J. Smock. 2011. "The Role of Romantic Partners, Family and Peer Networks in Dating Couples' Views About Cohabitation." *Journal of Adolescent Research*, 26(1): 115–149.

Massey, Douglas S., Joaquin Arango, Graeme Hugo, Ali Kouaouci, Adela Pellegrino, and J. Edward Taylor. 1993. "Theories of International Migration: A Review and Appraisal." *Population and Development Review*, 19(3): 431–466.

Meng, Xin, and Junsen Zhang. 2001. "The Two-Tier Labor Market in Urban China: Occupational Segregation and Wage Differentials between Urban Residents and Rural Migrants in Shanghai." *Journal of Comparative Economics*, 29(3): 485–504.

Parish, William L., and Martin L. Whyte. 1978. *Village and Family in Contemporary China*. Chicago and London: University of Chicago Press.

Piore, Michael J. 1970. "The Dual Labor Market: Theory and Implications." Pp. 55–59, in *The State and the Poor*, edited by Samuel H. Beer and Richard E. Barringer. Cambridge, MA: Winthrop Publishers.

Poston, D. L., and M. X. X. Mao. 1998. "An Ecological Analysis of Interprovincial Migration in China." Pp. 227–250 in *Research in Rural Sociology and*

Development (Volume 7), edited by Harry K. Schwarzweller and Brendan P. Mullan. Stamford, CT: JAI Press.

Pun, Ngai. 1999. "Becoming Dagongmei (Working Girls): The Politics of Identity and Difference in Reform China." *The China Journal*, 42: 1–20.

———. 2005. *Made in China: Women Factory Workers in a Global Workplace.* Durham and London: Duke University Press.

Pun, Ngai, and Huilin Lu. 2010. "Unfinished Proletarianization: Self, Anger, and Class Action among the Second Generation of Peasant-Workers in Present-Day China." *Modern China*, 36(5): 493–519.

Pun, Ngai, and Jenny Chan. 2013. "The Spatial Politics of Labor in China: Life, Labor, and a New Generation of Migrant Workers." *South Atlantic Quarterly*, 112(1): 179–190.

Raeann, R. Hamon, and Bron B. Ingoldsby (ed.). 2003. *Mate Selection across Cultures*. Thousand Oaks, CA: Sage Publications.

Ranis, Gustav, and John C. H. Fei. 1961. "A Theory of Economic Development." *The American Economic Review*, 51(4): 533–565.

Ravenstein, E. G. 1885. "The Laws of Migration." *Journal of the Statistical Society of London*, 48(2): 167–235.

———. 1989. "The Laws of Migration." *Journal of the Royal Statistical Society*, 52(2): 241–305.

Riley, Nancy E. 1994. "Interwoven Lives: Parents, Marriage, and Guanxi in China." *Journal of Marriage and Family*, 56(4): 791–803.

Roberts, Kenneth. 2002. "Female Labor Migrants to Shanghai: Temporary 'Floaters' or Potential Settlers?" *International Migration Review*, 36(2): 492–519.

Rofel, Lisa. 1994. "Liberation Nostalgia and a Yearning for Modernity." Pp. 226–249, in *Engendering China: Women, Cultural, and the State*, edited by Christina K. Gilmartin, Gail Hershatter, Lisa Rofel, and Tyrene White. Cambridge, MA: Harvard University Press.

Solinger, Dorothy J. 1991. *China's Transients and the State: A Form of Civil Society?* Hong Kong: Institute of Asia-Pacific Studies, The Chinese University of Hong Kong.

———. 1999. *Contesting Citizenship in Urban China: Peasant Migrants, the State, and the Logic of the Market*. Berkeley, Los Angeles, and London: University of

California Press.

Song, Yu, Jianmin Zheng, and Wenrong Qian. 2009. "To Be, or Not to Be: Rural Women's Migration Decisions—A Case Study of the Yangtze River Delta." *Chinese Economy*, 42(4): 63–74.

Stacey, Judith. 1983. *Patriarchy and Socialist Revolution in China*, Berkeley, Los Angeles, and London: University of California Press.

———. 1988. "Can There be a Feminist Ethnography?" *Women's Studies International Forum*, 11(1): 21–27.

Stark, Oded. 1984. "Migration Decision Making: A Review Article." *Journal of Development Economics*, 14(1): 251–259.

———.1991. *The Migration of Labor*. Cambridge: Basil Blackwell.

Stark, Oded, and David E. Bloom. 1985. "The New Economics of Labor Migration." *The American Economic Review*, 75(2): 173–178.

Stebbins, Robert A. 1991. "Do We Ever Leave the Field? Notes on Secondary Fieldwork Involvements." Pp. 248–255, in *Experiencing Fieldwork: An Inside View of Qualitative Research*, edited by William B. Shaffir and Robert A. Stebbins. Newbury Park, London, and New Delhi: Sage Publications.

Talbani, Aziz, and Parveen Hasanali. 2000. "Adolescent Females between Traditon and Modernity: Gender Role Socialization in South Asian Immigrant Culture." *Journal of Adolescence*, 23(5): 615–627.

Thompson, Linda, and Alexis J. Walker. 1989. "Gender in Families: Women and Men in Marriage, Work, and Parenthood." *Journal of Marriage and the Family*, 51(4): 845–871.

Todaro, Michael P. 1969. "A Model of Labor Migration and Urban Unemployment in Less-Developed Countries." *The American Economic Review*, 59(1): 138–148.

Warren, Carol A. B. 2001. "Gender and Fieldwork Relations." Pp. 203–223, in *Contemporary Field Research: Perspectives and Formulations (2nd Edition)*, edited by Robert M. Emerson. Illinois: Waveland Press.

West, Candace, and Don H. Zimmerman. 1987. "Doing Gender." *Gender and Society*, 1(2):125–151.

Whyte, Martin King. 2003. "Introduction." Pp. 3–32, in *China's Revolutions and Intergenerational Relations*, edited by Martin King Whyte. Ann Arbor: The University of Michigan Press.

Williams, Christine L., and E. Joel Heikes. 1993. "The Importance of Researcher's Gender in the In-Depth Interview: Evidence from Two Case Studies of Male Nurses." *Gender and Society*, 7(2): 280–291.

Wolf, Margery. 1985. *Revolution Postponed: Women in Contemporary China*. Stanford, CA: Stanford University Press.

Wong, Daniel Fu Keung, Chang Ying Li, and He Xue Song. 2007. "Rural Migrant Workers in Urban China: Living a Marginalised Life." *International Journal of Social Welfare*, 16(1): 32–40.

Woo, Margaret Y. K. 1994. "Chinese Women Workers: The Delicate Balance between Protection and Equality." Pp. 279–295, in *Engendering China: Women, Culture, and the State*, edited by Christina K. Gilmartin, Gail Hershatter, Lisa Rofel, and Tyrene White. London: Harvard University Press.

Wright, Erik Olin. 1997. *Class Counts: Comparative Studies in Class Analysis*. Cambridge, New York: Cambridge University Press; Paris: Maison des Sciences de l'homme.

Xiang, Biao. 2007. "How Far are the Left-Behind Left Behind? A Preliminary Study in Rural China." *Population, Space and Place*, 13(3): 179–191.

Xie, Xiaolin, and Raedene Combs. 1996. "Family and Work Roles of Rural Women in a Chinese Brigade." *International Journal of Sociology of the Family*, 26: 67–76.

Xu, Wei, Kok-Chiang Tan, and Guixin Wang. 2006. "Segmented Local Labor Markets in Postreform China: Gender Earnings Inequality in the Case of Two Towns in Zhejiang Province." *Environment and Planning A*, 38(1): 85–109.

Yan, Yunxiang. 2002. "Courtship, Love and Premarital Sex in a North China Village." *The China Journal*, 48: 29–53.

———. 2003. *Private Life under Socialism: Love, Intimacy, and Family Change in a Chinese Village, 1949–1999*. Stanford, CA: Stanford University Press.

Yang, Xiushi. 2000. "Interconnections among Gender, Work and Migration: Evidence from Zhejiang Province." Pp. 197–213, in *Re-drawing Boundaries: Work, Households, and Gender in China*, edited by Barbara Entwisle and Gail E. Henderson. Berkeley: University of California Press.

Yang, Xiushi, and Fei Guo. 1999. "Gender Differneces in Determinants of Temporary Labor Migration in China: A Multilevel Analysis." *International Migration Review*, 33(4): 929–953.

Zhang, Weiguo. 2000. "Dynamics of Marriage Change in Chinese Rural Society in Transition: A Study of a Northern Chinese Village." *Population Studies*, 54(1): 57–69.

Zheng, Zhenzhen, Yun Zhou, Lixin Zheng, Yuan Yang, Dongxia Zhao, Chaohua Lou, and Shuangling Zhao. 2001. "Sexual Behaviour and Contraceptive Use among Unmarried, Young Women Migrant Workers in Five Cities in China." *Reproductive Health Matters*, 9(17): 118–127.

Zuo, Jiping. 2009. "Rethinking Family Patriarchy and Women's Positions in Presocialist China." *Journal of Marriage and Family*, 71(3): 542–557.

白南生、何宇鵬。2002。〈回鄉，還是外出？——安徽四川二省農村外出勞動力回流研究〉。《社會學研究》，3: 64–78。

邊燕杰、張文宏。2001。〈經濟體制、社會網絡與職業流動〉。《中國社會科學》，2: 77–89。

蔡昉。2003。《中國人口與勞動問題報告 No. 4——轉軌中的城市貧困問題》。北京：社會科學文獻出版社。

蔡玉萍、杜平。2011。《不平等中的不平等：社會性別視角下的中國農民工》，Occasional Paper No. 214。香港：香港亞太研究所。

曹銳。2010。〈新生代農民工婚戀模式初探〉。《南方人口》，25(5): 53–59。

陳月新。2003。〈對流動人口就業中男女平等的思考〉。《南方人口》，18(2): 19–23。

段成榮、楊舸、張斐、盧雪和。2008。〈改革開放以來我國流動人口變動的九大趨勢〉。《人口研究》，6: 30–43。

費孝通。1998。《鄉土中國生育制度》。北京：北京大學出版社。

風笑天。2006。〈農村外出打工青年的婚姻與家庭：一個值得重視的研究領域〉。《人口研究》，1: 57–60。

高小賢。1994。〈當代中國農村勞動力轉移及農業女性化趨勢〉。《社會學研究》，2: 83–90。

———。1997。〈農村婦女研究綜述（1991–1995年）〉。《婦女研究論叢》，2: 13–18。

關信平。2005。〈現階段我國農村勞動力轉移就業背景下社會政策的主要議題及模式選擇〉。《江蘇社會科學》，5: 9–14。

郭于華。2011。《傾聽底層：我們如何講述苦難》。桂林：廣西師範大學出版社。

賀飛。2007。〈轉型期青年農民工婚戀觀念和行為的社會學分析〉。《青年研究》，4: 42–49。

胡珍、程靜。2008。〈青年農民工戀愛及婚前性行為狀況研究報告——基於成都市服務行業青年農民工的調查〉。《中國青年研究》，1: 42–46。

靳小怡、任峰、悦中山。2008。〈農民工對婚前和婚外性行為的態度：基於社會網絡的研究〉。《人口研究》，5: 67–78。

李芬、慈勤英。2002。〈農村女性非農轉移和流動的父權制因素探究〉。《中華女子學院學報》，14(4): 44–47。

李江。2004。〈四川農村女性勞動力人口參與城市化進程的調查與思考〉。《四川師範大學學報 (社會科學版)》，31(2): 19–23。

李培林、田豐。2011。〈中國新生代農民工：社會態度和行為選擇〉。《社會》，31(3): 1–23。

梁穎。2008。〈透析「80後」農民工〉。《當代中國人口》，4: 43–44。

劉傳江、程建林。2008。〈第二代農民工市民化：現狀分析與進程測度〉。《人口研究》，5: 48–57。

劉傳江、徐建玲。2006。〈「民工潮」與「民工荒」——農民工勞動供給行為視角的經濟學分析〉。《財經問題研究》，5: 74–80。

陸學藝。2000。〈走出「城鄉分治，一國兩策」的困境〉。《特區展望》，3: 13–16。

羅桂芬。2001。〈農村婦女勞動力主體能動性發揮與農村社會發展〉。《管理世界》，5: 133–144。

羅麗莎著，黃新譯。2006。《另類的現代性：改革開放時代中國性別化的渴望》。南京：江蘇人民出版社。

潘毅、盧暉臨、張慧鵬。2011。《大工地上——中國農民工之歌》。香港：商務印書館。

全國婦聯、國家統計局。2011。《第三期中國婦女社會地位調查主要數據報告》。北京：國家統計局。

任焰、潘毅。2006。〈跨國勞動過程的空間政治：全球化時代的宿舍勞動體制〉。《社會學研究》，4: 21–33。

阮新邦、羅沛霖、賀玉英。1998。《婚姻、性別與性：一個當代中國農村的考察》。八方文化企業公司。

沈青。1996。〈京城「外來女」現狀及特徵〉。載於鄒蘭春主編，《北京的流動人口》，頁119–123。北京：中國人口出版社。

宋少鵬。2012。〈從彰顯到消失：集體主義時期的家庭勞動 (1949–1966)〉。

《江蘇社會科學》，1: 116–125。

宋月萍、張龍龍、段成榮。2012。〈傳統、衝擊與嬗變 —— 新生代農民工婚育行為探析〉。《人口與經濟》，6: 8–15。

孫立平。2003。〈城鄉之間的「新二元結構」與農民工的流動〉。載於李培林主編，《農民工：中國進城農民工的經濟社會分析》，頁149–160。北京：北京社會科學文獻出版社。

譚深。1997。〈農村勞動力流動的性別差異〉。《社會學研究》，1:42–47。

———。2005。〈外出和回鄉：農村流動女性的經歷〉。《農村・農業・農民》，10: 8–11。

湯兆雲。2010。〈建國以來中國共產黨人口政策的演變與創新〉。《科學社會主義》，3: 109–112。

王春光。2001。〈新生代農村流動人口的社會認同與城鄉融合的關係〉。《社會學研究》，3: 63–76。

———。2006。〈農村流動人口的「半城市化」問題研究〉。《社會學研究》，5: 107–122。

王艷華。2007。〈新生代農民工市民化的社會學分析〉。《中國青年研究》，5: 38–41。

王政、張穎編。2012。《男性研究》。上海：三聯書店。

徐安琪。2000。〈擇偶標準：五十年變遷及其原因分析〉。《社會學研究》，6: 18–30。

許傳新。2013。〈新生代農民工擇偶標準及影響因素分析〉。《南方人口》，28(3): 26–37。

徐勇。2006。〈國家整合與社會主義新農村建設〉。《社會主義研究》，1: 3–8。

徐緩。2001。〈中國流動人口的艾滋病預防和控制（綜述）〉。《中國性病艾滋病防治雜誌》，7(6): 376–377。

嚴海蓉。2005。〈虛空的農村與空虛的主體〉。《讀書》，7: 74–83。

翟學偉。2009。〈是「關係」，還是社會資本〉。《社會》，1: 109–121。

鄭廣懷。2007。〈社會轉型與個體痛楚 —— 評《中國製造：全球化工廠下的女工》〉。《社會學研究》，2: 211–227。

鄭真真。2002。〈外出經歷對農村婦女初婚年齡的影響〉。《中國人口科學》，2: 61–65。

鍾甫寧、徐志剛、欒敬東。2001。〈經濟發達農村地區外來勞動力的性別差異研究〉。《人口與經濟》，2: 31–37。

周偉文、侯建華。2010。〈新生代農民工階層：城市化與婚姻的雙重困境 —— S市新生代農民工婚姻狀況調查分析〉。《社會科學論壇》，18: 151–159。

朱秀杰。2005。〈農村女性人口流動的約束機制 —— 社會性別視角分析〉。《南方人口》，20(1): 18–24。